10
18
12, AVENUE D'ITALIE. PARIS XIIIe

Sur l'auteur

Jan Wolkers est né en 1925 à Oegstgeest, aux Pays-Bas. Écrivain et artiste plastique, il est considéré comme l'un des grands noms de la littérature néerlandaise. Pendant la guerre, il a vécu dans la clandestinité et, peu après la Libération, Wolkers a quitté son pays pour venir à Paris. Il a étudié les arts plastiques à La Haye et à l'École nationale des Beaux-Arts, à Amsterdam. Pour surmonter un deuxième divorce, il s'est mis à l'écriture des *Délices de Turquie,* devenu un grand succès littéraire, son unique roman traduit en français. Jan Wolkers est mort en 2007 à Texel.

JAN WOLKERS

LES DÉLICES DE TURQUIE

Traduit du néerlandais
par Lode Roelandt

10
18

BELFOND

Titre original :
Turks Fruit

ISBN : 978-2-264-06175-1

Pour Olga Staboulas

RASTAPOPOULOS : Mal ?… Mal ?… Parfaitement, je suis le génie du Mal : voilà ce que je suis… Je voudrais bien voir qui oserait prétendre le contraire !

CARREIDAS : Pardon, le génie du Mal, c'est moi !… Et d'ailleurs, je suis plus riche que vous !

RASTAPOPOULOS : Possible, mais moi, j'ai ruiné mes trois frères et mes deux sœurs, après avoir mis mes parents sur la paille… Qu'en dites-vous, hein ?

CARREIDAS : Bah ! ce n'est rien, ça !… Moi, j'ai tellement fait souffrir ma grand-tante qu'elle est morte de chagrin.

RASTAPOPOULOS : En voilà assez, à la fin !… Oui ou non, allez-vous reconnaître que je suis plus mauvais que vous ?…

CARREIDAS : Jamais !… Jamais, vous m'entendez !… Je préfère mourir, na !

Hergé, *Vol 714 pour Sydney*,
Casterman, 1968.

Un plat à barbe plein d'endives

J'étais vraiment dans la merde depuis qu'elle m'avait plaqué. Je ne travaillais plus, je ne mangeais plus. Toute la journée, je restais allongé entre mes draps sales et je collais le nez sur des photos d'elle à poil, si bien que je pouvais m'imaginer voir frémir ses longs cils surchargés de rimmel lorsque je me branlais. Regarder ses lèvres humides se gonfler et se retrousser et entendre, au moment de jouir, ses cris aussi ardents qu'à nos débuts, quand elle n'avait pas encore appris à garder le plaisir pour elle et pour moi, et qu'elle le hurlait sur les toits, au point qu'une voisine lui avait demandé un jour : « Voyons, qu'est-ce qu'il te fait ? » Et qu'un voisin m'avait dit : « On croirait qu'il y a une nichée de chiots chez vous autres. » Je relisais ses lettres et en recopiais des phrases sur le mur : « *Après t'avoir quitté, j'ai dû courir chez le pharmacien acheter du coton pour étancher les saignements de mon cœur.* » Et : « *Hier soir, la ville sentait le foin. J'ai envie de toi. Pendant que je t'écris, mon con tète comme un bébé.* » Je torturais mon cerveau à chercher ce qui avait pu clocher et pourquoi elle m'avait quitté pour ce couillon, ce commis voyageur, cette vieille pine aux épaules tombantes. J'avais mal au crâne à force de me creuser la cervelle. Je n'en sortais pas, je ne comprenais pas. Comment avait-elle pu se laisser embobiner à ce point par sa sale garce de mère ? Et je me branlais de nouveau en fixant cette photo d'elle, à poil, assise le dos tourné, qui montre ses superbes fesses. Et je criais : « Chie donc, nom de Dieu, chie pour moi, je lécherai la merde dans ton cul. » Pourtant, au bout de deux semaines, je sortis de mon lit. Amaigri et crasseux. Dans la cuisine, je trouvai sur le gaz une poêle contenant ce qu'elle avait préparé avant de partir. Deux boulettes de viande. Celles-ci reposaient dans un lit duveteux de moisissure, et j'aurais pu rire et pleurer à la fois lorsque je les jetai dans les toilettes car elles me rappelaient qu'elle avait envoyé une boulette de viande à analyser aux services de santé du Ministère au temps où, jeune fille, elle était pensionnaire. Je pris une douche et m'écorchai avec le squelette d'une holothurie autour duquel s'enroulaient ses cheveux roux comme des fils de nylon. Je me mis sur mon trente et un et me regardai attentivement dans le miroir. Je me trouvais d'une beauté fatale avec mon visage émacié, mes boucles rebelles, mon blue-jean et ma veste de cuir noir. Et je me dis à voix basse avec un grand sérieux, car j'étais incapable d'en rire : « Tu as encore une certaine chance. » Je réagissais exactement comme le juif de l'histoire qu'un ami voit sortir d'un bordel le jour de l'enterrement de sa femme, et qui dit pour s'excuser : « Est-ce que je sais ce que je fais dans mon chagrin ? » Moi, je sautais une nana après l'autre. Je les traînais dans mon antre, j'arrachais leurs vêtements et leur rentrais dedans comme un forcené. Puis je m'en débarrassais après leur avoir offert un verre. Parfois trois le même jour.

D'énormes nichons pendant comme des outres remplies de bouillie et pourvues de pis à sucer. Des petits tétons ratatinés, trop pitoyables pour être caressés. Il valait mieux que celles-là gardent leur soutien-gorge. Des toisons rêches comme du crin ou douces comme de la fourrure. Des cons secs, hérissés de verrues à l'intérieur. Désagréables pour les doigts mais délicieux pour la queue. Des cons que je ne voyais pas parce qu'une petite main les dissimulait. Des cons doux et humides comme des tartelettes à la crème. Des femelles robustes aux hanches pareilles à de gigantesques fromages, parlant avec l'accent de Rotterdam et très agressives, qui empoignaient ma bitte comme la poignée d'un vilebrequin. Qui, aussitôt après l'enfilade, voulaient laver la vaisselle, frotter le plancher et récurer les chiottes. Des jeunes filles qui, enfouissant leur nez mouillé contre ma poitrine velue, pleurnichaient parce que leur père les avait violées à l'âge de quinze ans. L'Indonésienne qui jouait les vierges et criait, à moitié pâmée, d'une voix affectée et la bouche en cul-de-poule : « Qu'est-ce que tu me fais ? – J'écarte tes cuisses, je te fourre ma bitte quelque part et je vais te tringler jusqu'à ce que je ne sente plus ton haleine. Donne tes lèvres poisseuses. Tire ta langue que je la bouffe. » Cette damnée migraine à mon réveil lorsqu'on avait encore glissé une serviette hygiénique sous mon matelas, à hauteur de ma tête. Du sang brun noirâtre comme du sirop de pomme. Les morpions, semblables à des pellicules grises, qu'elles m'apportaient avec les compliments de leurs nombreux amis des pays lointains. Je tenais un journal de ces passades. Souvent, j'y collais une mèche de cheveux, parfois des poils pubiens si j'avais réussi à leur faire perdre la boussole à ce point. Comment je les avais séduites et comment elles m'avaient parfois séduit. Ce qu'elles avaient dit et ce que j'avais dit. Car les femmes raffolent d'un homme qui souffre d'un amour malheureux. Cependant, ce jeu m'écœura au bout de quelques mois. Je me ressaisis un peu et louai la chambre donnant sur la rue à deux étudiantes américaines que je ne touchai pas. Elles étudiaient l'histoire de l'art, et elles avaient fixé des maximes au mur, entre une reproduction de *L'Agneau mystique* de Memling et l'inévitable autoportrait du fou d'Arles à la tête pansée. *HERE'S NOTHING SADDER THAN ASSOCIATIONS HELD TOGETHER BY NOTHING BUT THE GLUE OF POSTAGE STAMPS*[1]. Et : *ONE WHO PUTS SALT IN THE SUGAR BOWL IS A MISANTHROPE*[2]. Chaque vendredi, alors qu'elles n'étaient même pas catholiques, elles rapportaient du marché de misérables plies empaquetées dans un journal visqueux. Pour les saler, elles les mettaient tout bonnement dans l'évier dans lequel j'avais l'habitude de cracher et de pisser. Elles étaient trop bêtes pour comprendre qu'elles auraient dû prendre une assiette. Aussi ne dis-je rien le jour où elles mirent le poêlon qui me servait de plat à barbe, plein d'endives, sur le gaz et que je vis l'ourlet de savon séché mêlé de bouts de poils noirs fondre et couler lentement dans les légumes en train de cuire. À quoi bon ? D'ailleurs, tout avait le goût de savon en Amérique, à les en croire. C'est probablement pour cette raison qu'elles prenaient une douche au moins quatre fois par jour, juste au-dessus des

1. « Rien de plus triste que les associations qui ne tiennent que par la colle des timbres. » (*Toutes les notes sont du traducteur*.)
2. « Celui qui met du sel dans le sucrier est un misanthrope. »

chiottes, de sorte que je les entendais barboter et caqueter quand, installé sur le trône, je lisais le journal. Le tuyau d'écoulement ne pouvant avaler toute l'eau, celle-ci s'infiltrait dans les crevasses. Les murs en devenaient tout humides et, au bout de quelques mois, je dénombrai sept espèces de moisissures. Ensuite, des excroissances calcaires sortirent du mur et du plafond, on aurait dit que leur flore vaginale proliférait à travers le dallage, donnant naissance à des coraux grisâtres. Je ne leur fis pas d'observations, car je me servais aussi de la douche. Tous les deux jours, comme il avait été convenu avec elles. J'entrais dans leur chambre en sous-vêtements. Elles étaient installées sur le divan. L'air absorbé, elles plongeaient leur nez américain en trompette dans leurs livres. Épelant le néerlandais à haute voix : « Des Catacombes au Gréco » ou des âneries de ce genre. J'enlevais mon caleçon et ma chemise et les déposais en tas sur le plancher. Je les soupçonnais de risquer un coup d'œil furtif sur mon cul avant que mon corps poilu ne disparût dans la minuscule salle de bains. Puis elles se remettaient aussitôt à leur lecture sur Giotto et Cimabue ou autres vieilles barbes. Si j'étais de bonne humeur, je passais ma tête dans l'entrebâillement de la porte et lançais : « Rembrandt est le plus grand barbouilleur du XVIIe siècle ! » Elles se raidissaient alors et n'osaient risquer un coup d'œil de mon côté parce qu'elles ignoraient ce qui dépassait de la porte entrouverte. J'ouvrais le robinet en braillant *The Stars and Stripes Forever*. Je tenais ma queue raide dans ma main sous l'averse d'eau tiède et m'imaginais que je m'engouffrais ainsi dans leur chambre, m'allongeais entre elles deux et me laissais branler promptement et vigoureusement par leurs fougueuses menottes à dollars. Qu'elles étendaient le sperme sur mon ventre et y collaient les timbres enlevés des lettres d'Amérique (de Grace Anderson *alias* Miss Lonely Hearts ou de Babe Sherman), des timbres illustrés de la statue de la Liberté surmontée d'un arc *IN GOD WE TRUST* avec le mot *LIBERTY* à sa base. Ou bien de l'effigie de l'une ou l'autre de leurs vieilles ganaches historiques, quelque femelle décrépite et édentée en vert clair ou en mauve de leur passé glorieux d'assassins d'Indiens, de bisons, de nègres et de congénères. Mais cela ne s'est jamais produit. Il est vrai qu'au début, elles formulèrent des objections parce que je me mettais à poil devant elles. Je ne leur répondis même pas. Je descendis, posai ma pine sur le bord de la table, sur une feuille de papier, en traçai le contour, écrivis au-dessus *MY PENIS* et glissai la feuille sous la porte. Je ne l'ai jamais retrouvée au mur, parmi leurs reproductions et leurs maximes, pas plus que dans la poubelle. Par conséquent, je présume que l'une d'elles l'a glissée sous sa culotte douteuse et la porte encore contre sa peau comme un joyau. Par contre, elles m'envoyèrent un Américain dont elles avaient fait la connaissance en ville. Un type rondouillard aux cheveux coupés ras et à l'aspect d'ours en peluche, mais aux yeux clairs et méchants. Il se présenta comme un ancien de l'Église de Jésus-Christ des Saints des Derniers Jours. Elles lui avaient probablement montré le croquis et il entendait entamer ma conversion en ramenant ma verge en érection à sa position habituelle, en vertu de l'adage : « Mon Rédempteur est suspendu à la Croix ». Il commença par me donner une carte illustrée, une photo en couleurs d'un édifice lugubre que surveillait la coupole d'un temple qui ressemblait à un œuf au plat. Le temple des Saints des Derniers Jours, près de Salt Lake City, en Utah. Quand il voulut me débiter un sermon sur le *Livre de Mormon*, je lui fis remarquer que les Américains sont loin d'être pieux. Qu'ils ne pensent qu'en dollars. Qu'il n'ignorait tout de même pas que « Mormon » était l'abréviation de « *more money* ». Il hocha la tête mais ne prit pas la mouche. C'est qu'on ne peut jeter tout de go des bombes au napalm. Cependant, lorsqu'il sortit trois statuettes minuscules de sa poche et les déposa sur la table comme les pions d'un jeu d'halma, disant que c'étaient les saints apôtres, Pierre, Jean et Jacques, je ne pus m'empêcher de déboutonner ma braguette, d'exhiber mon sexe et de répliquer : « *And this is the holy Habacuc*[1]. » Il partit en secouant la tête, non sans avoir raflé promptement les trois saints apôtres sur la table. Je ne l'ai jamais revu. Mais elles avaient d'autres amis. Des étudiants américains pâles et bohèmes parcourant le monde grâce à des bourses insuffisantes pour vivre, mais suffisantes pour ne pas crever. De sorte qu'ils erraient sans trêve dans le no man's land de banales chambres de filles, les poches profondes de leurs capotes militaires élimées bourrées de pop-corn, de chewing-gum et de pain de seigle. De Stavanger à Naples. Un matin que j'allais à la douche, j'en comptai quinze : disséminés par terre, enroulés dans des couvertures de cheval grises ou dans des frusques indiennes ; certains dormaient et d'autres, l'air abruti, mâchonnaient des tartines à la confiture de fraises. Je me faufilai parmi eux comme au milieu d'une colonie de phoques. Faisant très attention à

1. « Et ça, c'est saint Habacuc. »

ne pas marcher sur des queues ou des nageoires. Si l'un d'eux avait une guitare, ils chantaient des chansons folkloriques à longueur d'après-midi. Parfois si bruyamment que les voisins donnaient un coup de fil pour me prier de baisser le volume de ma radio. Lorsque je demandais aux filles, dans l'espoir que les autres sonneraient la retraite, s'il n'y avait pas un type parmi eux avec lequel elles aimeraient avoir une aventure, elles faisaient la moue. Il se trouvait que l'un était « *too hot to handle*[1] » et que l'autre « *was chewing his gum too loudly*[2] ». Par conséquent, leur rôle se réduisait à dormir par terre, à manger et à prendre des douches. Or, les stalactites au plafond des chiottes, nourries de bactéries, de pellicules et de croûtes originaires des cinquante États d'Amérique, se développaient de façon inquiétante. Mais la mesure fut comble le jour où elles accueillirent de surcroît une douzaine de perruches qu'elles laissèrent voler librement dans la pièce, de sorte que les fientes garnies de plumes se collaient entre mes orteils quand je sortais de la douche, et que je me pliais en deux lorsque le millet pointu s'incrustait douloureusement dans mes plantes de pied. Je fichai ces clochards de l'Oncle Sam à la porte, ouvris brusquement la fenêtre et, agitant le battoir à tapis comme si je jouais au volant, chassai les perruches dans la rue. Je criai aux filles qui, pâles et pleurnichantes, essayaient de rattraper avec des foulards leurs oiseaux réfugiés dans les arbustes devant la maison qu'elles n'avaient qu'à foutre le camp avec leurs pop-corn et leurs patates douces. Que je leur donnais congé illico,

1. « Trop fougueux. »
2. « Mâchait trop bruyamment son chewing-gum. »

avant que ces oiseaux de malheur n'eussent grignoté avec leur sale bec crochu tout l'enduit des quatre murs de la pièce. L'après-midi, elles mirent encore la rue en émoi lorsqu'elles s'en allèrent, leurs frusques entassées sur un triporteur, entourées d'une dizaine de leurs copains qui emportaient chacun un couple de perruches dans les filets qu'ils s'étaient empressés d'aller acheter au magasin d'accessoires de pêche du coin. Et dire qu'elles vinrent me serrer la main ! Elles avaient l'air tout chose, j'aurais mieux compris qu'elles m'aient reproché mon ingratitude à l'égard du plan Marshall. Ou qu'elles m'aient jeté à la tête une des maximes de la chambre désormais déserte : *ONE WHO PUTS SALT IN THE SUGAR BOWL IS A MISANTHROPE*.

Les ailes d'Hermès

Je savais que le dessous du fauteuil crapaud qu'il occupait toujours était un paysage montagneux en miniature de morve desséchée. Il la pêchait du petit doigt dans son nez, en faisait des boulettes qu'il appelait « bulles » et les collait soigneusement sous son siège. Ce fut une des premières confidences qu'elle me fit à son sujet, car elle adorait son père. Sa mère en avait été affreusement humiliée lorsque la femme de ménage l'avait découvert à l'occasion du nettoyage de printemps. Elle avait cru que c'était de la colle forte ou de la résine et avait essayé de l'enlever avec ses ongles. Mais même avec un couteau à pain, les deux femmes n'étaient parvenues qu'à en faire sauter quelques parcelles. On laissa donc ces reliefs verdâtres, car il en ajouterait quand même encore des montagnes. Il n'y avait pas moyen de lui désapprendre quoi que ce fût. Sans doute était-il un brave type, mais il se montrait têtu comme un enfant pour ce qui était de ses crottes de nez. En outre, à table, il pliait toujours ses feuilles de salade avant de les porter à sa bouche, sinon les pucerons se seraient sauvés. Et lorsque la radio diffusait *La Marche de Radetzky*, il faisait chorus en chantonnant : « Nichons con, nichons con, nichons con, con, con, nichons con, nichons con, nichons con, con, con. » En observant bien la mesure. Lorsque sa femme n'était pas là, bien sûr. Il aimait surtout Les Mordus de la Chanson, avec le chanteur Peter Chaulapin. Au temps où Olga était encore fillette, elle avait vomi un jour sur la table pendant le repas et avait éclaté en sanglots. Furieuse, sa mère avait battu en retraite, mais lui, il avait pris un de ses ours et il l'avait incliné sans arrêt sur les vomissures, disant : « Nounours vomir. Nounours vomir. » Jusqu'à ce qu'elle se mît à rire. J'aimais cet homme au visage couperosé et aux chairs flasques tel qu'il était, coincé dans le fauteuil lors de nos visites. Haletant, appuyant ses gros bras sur l'accoudoir, à moins qu'il ne fût occupé à faire des bulles. Et quoiqu'il déclarât chaque fois que les Américains n'étaient pas un peuple civilisé, et demandât de surcroît : « Connais-tu l'histoire de ces deux types qui allaient à Paris ? Eh bien ! ils n'y allaient pas. » Et de rire à ventre déboutonné dans son étroit fauteuil. Ou encore : « Qui lèche le derrière de la reine ? » Quand on le regardait alors d'un air interrogateur, comme si on entendait la question pour la première fois, il expliquait : « Celui qui colle un timbre-poste sur une lettre. » De nouveau, tel un pudding pendant un bombardement, il tremblotait longuement de rire. Il était beaucoup trop gros. Il suivait un régime depuis des années. Quand nous étions invités, sa femme lui prodiguait des gentillesses de chatte et des petits soins. Rien qu'une seule pomme de terre et un tout petit peu de jus de viande puisé au fond de la saucière. À cause de sa maladie de foie. Ce qui ne l'empêchait pas de jaunir de semaine en semaine. Or, un jour, comme Olga et moi avions quitté la table un peu plus tôt que de coutume parce que nous allions au cinéma, et que je repassais dans la salle à manger pour prendre mes cigarettes, je vis qu'elle avait rempli son assiette de pommes de terre et les arrosait copieusement de sauce. Elle me regarda d'un air hostile et coupable. Je l'avais surprise en train de commettre un assassinat à long terme. Toutefois, je n'en dis rien à Olga. Elle se serait inquiétée inutilement. Personne n'aurait pu empêcher la mère de lui servir de la graisse. Je haïssais cette femme. Non seulement pour cela, mais aussi parce qu'elle affectait de m'embrasser maternellement puisque je partageais la vie de sa fille. Elle me rappelait ainsi qu'on lui avait enlevé un sein, à cause d'un cancer. Je sentais le tissu raide d'un soutien-gorge vide. Voulant prouver qu'elle n'était pas encore au bout du rouleau, on trouvait souvent, dans la salle de bains, une espèce de souris ensanglantée enroulée dans un journal sur un paquet de serviettes hygiéniques. De plus, elle s'introduisait toujours dans notre chambre à coucher pour nous servir notre petit déjeuner. Un œuf dur gélatineux comme une crotte. Elle traînait un moment, l'air équivoque, tant et si bien que j'avais des hallucinations dès que j'étais de nouveau seul avec Olga, dans la puanteur de l'œuf décapité d'une main experte. Je m'imaginais que sa mère soulevait les couvertures et fourrait ma pine dans la fente de sa fille, et qu'elle disait en me soupesant les couilles : « Je m'en occuperais bien. » Qu'elle faisait ensuite glisser son sein unique au mamelon gros comme un gland et l'introduisait de force dans Olga. Parce que cette mégère montait déjà la tête à Olga, et j'avais envie pour me venger d'aller dans la salle de bains, de me garnir la bitte de son râtelier et de me branler dans l'évier. Elle avait fait la connaissance de son mari à l'hôpital. Lui était malade, elle infirmière. Elle le lavait, lui massait le bas du dos et prenait sa température. Elle avait déjà vu son machin avant qu'il ne l'eût embrassée une seule fois. Lui, difforme, bonasse et cossu. Elle, jolie, pauvre, cupide et ayant encore deux seins. Une femme calculatrice qui emportait en cachette des placentas de l'hôpital pour son chien, un whippet dont elle torchait le cul avec du papier hygiénique quand elle le sortait. Elle se moquait de son gros malade devant ses collègues, qui opinaient : « Tu finiras par épouser ton souffre-douleur. » Ce qu'elle avait décidé à part soi depuis longtemps. Elle le dorlotait et le gâtait, tant et si bien qu'il quitta son lit pour monter dans le char de l'hymen. Elle l'engraissait avec tant de soin qu'en peu de temps il ne l'emmerdait plus ; il pouvait à peine se déplacer et n'était plus capable que de s'affaler sur la banquette de sa grosse voiture américaine pour se rendre à son magasin, un commerce en gros d'articles ménagers qu'il avait baptisé « Hermès » après la mort de son père. Grâce à la liaison que sa femme avait nouée en douce avec un officier allemand sous l'Occupation, il avait pu acquérir à des conditions avantageuses un énorme lot de couteaux qui lui étaient restés évidemment pour compte, car la lourdeur du modèle et l'empreinte dans le manche révélaient nettement leur origine. Dix ans après la guerre, il en offrait encore en prime à ses clients. Elle était souvent sortie à l'heure où il rentrait, respirant péniblement après être resté assis toute la journée à son bureau. Il déambulait alors au hasard dans la maison, l'appelant comme un gros enfant malade. À son retour de l'école, Olga retrouvait à la maison une atmosphère lourde de désespoir et de méfiance. Car il savait depuis belle lurette que sa femme quittait souvent ses vêtements chez des amies où elle allait soi-disant prendre le thé. Ainsi, un familier de la maison, qu'Olga devait appeler « mon oncle » par ordre de sa mère, avait dit à l'enfant, quand elle eut treize ans, lors d'un séjour au bord de la mer : « Nos petits orteils sont les mêmes, tu n'as qu'à regarder. Tu es ma fille. » Révoltée et ahurie, elle n'avait cessé d'y penser. Quand son père se fut habitué et résigné aux aventures de sa femme, il estima qu'il jouait sur le velours. « Elle est belle femme, disait-il, et moi je ne suis qu'un albinos, je vois mal. Mais si un clou tombe, j'entends où il tombe. » Il lui arrivait de prendre sa revanche avec bonhomie. Quand il décrochait le téléphone et qu'un musicien ou un acteur la demandait. Elle accourait sur ses pantoufles de peluche rose, la tignasse pleine de papillotes, et il disait vite avant de lui passer l'appareil : « *Here is cauliflower speaking*[1]. » Un jour, il tapota gentiment les fesses d'Olga en disant : « Fais attention, je viens de lire dans le journal que le type de la blonde bien roulée est sur le point de disparaître. » Sa mère la regardait d'un air jaloux, comme si elle avait envie de la dépouiller de sa jeunesse. Quant à moi, cela me faisait bander, la blonde bien roulée. Je l'entraînais dans le couloir, la poussais dans les toilettes et la baisais debout. Je devais tirer la chasse, sinon ses cris auraient ameuté la maisonnée. Mais c'en fut soudainement fini de lui. Un matin, il dit qu'il se sentait physiquement comme un égouttoir. Il retourna au lit et ne le quitta plus. Il était déjà très mal quand nous

1. « Voilà la grande championne. »

arrivâmes. Et la fin de leur union ressembla à ses prémices ; elle se retrouvait l'infirmière d'un gros malade. Le soir, elle sortait les fleurs de sa chambre et les déposait dans le couloir, de sorte que celui-ci ressemblait tout à fait à celui d'un hôpital. Elle ne cessait de descendre le thermomètre d'un coup sec du poignet, et je me demandais où elle le lui mettait. Ce n'était plus qu'une masse gélatineuse, le liquide filtrait à travers son matelas, on devait inonder la maison d'eau de Cologne pour en chasser l'odeur écœurante de pourriture. Les joues boursouflées, le blanc de ses yeux bruns strié de sang. Olga restait assise toute la journée, chiffonnant nerveusement son mouchoir, sans rien faire. Et le soir, au lit, elle se blottissait mollement dans mes bras en poussant des soupirs, des mèches mouillées collées à son visage. Il était délicieux de baiser ce corps inerte et apathique. Je faillis réussir à la convaincre de ne pas mettre de diaphragme, car quoi de plus logique que de faire un enfant au-dessus de la chambre d'un mourant ? Elle se réveillait souvent en geignant, la nuit, et elle me secouait jusqu'à ce que je me réveille aussi. Je m'efforçais de la consoler. Surtout lorsqu'elle était secouée de sanglots parce qu'elle avait de nouveau rêvé du cheval. C'était un récit datant de la guerre qu'un ouvrier déporté en Allemagne lui avait raconté. Ils avaient échoué à Berlin, pris entre les Russes qui avançaient et les Allemands qui fuyaient. Dans un faubourg désert. Les habitants n'avaient laissé aucune nourriture. Ils étaient des centaines comme des rats pris au piège dans une rue en ruine balayée par des grenades. Soudain, un cheval s'engagea dans la rue. Ils entendirent ses sabots résonner sur les pavés. Tous se bousculèrent devant les carreaux brisés et regardèrent sans une parole l'animal épouvanté courir parmi les pierres et les décombres. Soudain, une porte s'ouvrit, un homme s'élança dans la rue, saisit le cheval par le cou et essaya de l'entraîner. Mais le cheval se cabra et tomba, entraînant l'homme dans sa chute. Au même instant, un deuxième homme surgit d'une autre maison. À eux deux, ils découpèrent un lambeau de chair dans la croupe du cheval dont les plaintes déchirantes dominaient le vacarme du canon. Des hommes se précipitèrent l'un après l'autre dehors, se laissèrent choir sur le cheval, puis rentrèrent avec un morceau de chair sanguinolente et palpitante. Il s'écoula bien une heure avant que les gémissements cessent. Il ne restait plus, au milieu d'une énorme mare de sang, que des lambeaux de peau, des intestins, des os et la tête du cheval, la gueule ouverte, garnie de dents jaunes. Je la consolai de mon mieux, obsédé moi-même par la vision du cheval. Elle dit tout à coup : « Ma mère est une sorcière. » Puis elle porta la main à sa bouche, comme effrayée par ses propres paroles. Elle nia les avoir prononcées lorsque je les lui rappelai un an plus tard, parce que sa mère lui avait confié que ses amies mariées fuyaient la jolie veuve qu'elle était. Son père mourut quelques jours plus tard. Il nous fut permis de prendre congé de lui à tour de rôle, moi le dernier, parce qu'un parent par alliance n'est jamais un proche véritable. Son visage était une masse difforme, jaunâtre ; des veines violettes aux ramifications rouges striaient ses bajoues flasques affaissées sur l'oreiller. Il ne me regarda pas, mais sembla tout de même comprendre que c'était moi quand je pris place à côté du lit. En tout cas, il dit d'une voix étrangement aiguë : « Tu emmèneras mon Olga, n'est-ce pas ? »

Je dressai les oreilles, car je craignais qu'une tirade sentimentale ne suivît. Je devais prendre bien soin de sa fille parce qu'elle était la prunelle de ses yeux. Or, il était trop discret pour le demander. Il dit, et j'avais l'impression qu'il essayait de sourire : « Connais-tu la bonne histoire de ces deux types qui allaient à Paris ? » Il attendit un long moment. Puis il articula péniblement : « Ils n'y allaient pas. » Il le répéta encore une fois d'une voix presque inaudible. Et il perdit connaissance. Il expira deux heures plus tard sans avoir repris ses esprits. À partir de ce moment, la maison en folie ressembla à un lieu de sabbat. Sa femme s'engouffrait sans cesse dans la chambre mortuaire et nous l'entendions crier, en proie aux remords et consciente de sa culpabilité. Elle tenait de longs discours dans lesquels elle lui posait toujours les mêmes questions. Puis elle revint et, éplorée, me sauta au cou, disant que j'étais maintenant le chef de famille. Que je devais renoncer à la sculpture parce que je ne gagnerais jamais que du pain sec et que je devais devenir directeur d'Hermès. J'eus le sang glacé en songeant que ma vie durant je ferais cadeau aux clients de ces ignobles couteaux militaires. Quand il fut incinéré à Velzen, ce supermarché de la mort, elle eut une prise de bec avec ces messieurs de la direction parce qu'on refusa de jouer l'ouverture de la *Donna Diana* de Reznicek, alléguant qu'elle n'était pas assez solennelle. Sans doute aurait-il préféré *La Marche de Radetzky*, mais elle s'abstint de la demander parce qu'elle n'ignorait pas que tous les proches qui l'écouteraient s'imagineraient l'entendre chanter : « Nichons con, nichons con, nichons con, con, con. » Finalement, le cercueil disparut à travers la plate-forme aux accords d'une fugue de Bach.

Et je me disais qu'il aurait fallu déposer le fauteuil garni de morve sur le cercueil, au lieu de ces couronnes, ces fleurs et ces rubans, et les descendre ensemble dans le four. Car ce fauteuil lui avait été plus cher que tout. Quelques mois plus tard, lors d'une visite on la trouva qui se préparait fiévreusement à partir aux sports d'hiver. Le fauteuil avait disparu.

Un mantelet de renard bleu

Comment je l'ai rencontrée. En fait, deux fois. Cette diablesse rousse. Mais je l'ai appelée par ce nom beaucoup plus tard, après qu'elle m'eut lâché pour ce ramolli de mes deux et qu'elle fut venue reprendre son fourbi – une machine à coudre, un aspirateur et quelques autres pauvres objets – et que j'eus constaté à cette occasion qu'elle pouvait, telle une furie, rouler comme sa mère de gros yeux de sorcière. Il est vrai que j'avais tenté de la tringler devant le miroir tandis que son amant, craignant que je ne la moleste, poireautait devant la porte. Elle avait rabaissé sa jupe et trépigné comme une institutrice. Nous n'avions pu nous empêcher d'ébaucher un sourire désabusé. Moi, parce qu'il ne m'était plus permis de faire ce qui nous était tellement naturel. J'ignore pourquoi elle avait ri. Elle avait même proposé d'appeler son type pour me le présenter. Mais j'avais répondu que je lui casserais la tête à coups de tisonnier s'il osait franchir le seuil. Elle savait que j'aurais tenu parole. Je l'ai vue pour la première fois un jour où je faisais de l'auto-stop. Quelque part aux environs de Ruremonde. Il y avait du verglas, son pare-brise était quasiment bouché. Autrement je n'aurais pas levé le pouce. Une fille du tonnerre dans cette grosse bagnole américaine. J'étudiais la sculpture à l'académie d'Amsterdam. Dans les mois d'hiver, les élèves des classes supérieures, invités par la commune de Valkenburg, allaient sculpter des reliefs dans la grotte du mont Saint-Pierre. Des scènes religieuses plus grandes que nature, qui portaient le bourgmestre et ses adjoints à espérer une intensification du tourisme. Je travaillais à une Résurrection de Lazare. Or l'envie de continuer m'avait passé parce que j'avais gâché la tête du Christ. Un oursin pétrifié y était incrusté et j'avais enlevé trop de marne pour le dégager intact. Quelques jours plus tard, le fossile que j'avais retiré de la tête de Dieu s'était pulvérisé comme une boule de cassonade en tombant dans le hall de l'hôtel. Le soir de ce jour, j'avais eu une prise de bec avec le gérant pour avoir formulé des observations sur la nourriture et sali le plafond. En effet, on nous avait servi une pâtée nauséabonde. Du ragoût. De gros morceaux de viande nageant dans une espèce de boue brunâtre. Cela ressemblait aux sous-produits d'un goinfre qui avait la chiasse. Les artistes sont des goinfres dépourvus de sens critique. Les autres s'empressaient de remplir leur assiette, mais je repoussai brusquement le plat et abattis mon poing sur la table en criant : « C'est de la viande de baleine ! » Du coup, tous se mirent à chipoter avec circonspection, comme s'il y avait des arêtes dans la bidoche. Et d'examiner, de goûter, de renifler. On appela le garçon. Ne pouvant nier, il émit l'avis que l'appellation « ragoût » était parfaitement justifiée. Il y avait des années, la baleinière *Willem*

Barendsz avait pêché des baleines et on les avait mises en conserve pour les livrer à la consommation. Mais le peuple n'avait pas voulu bouffer cette saloperie et les boîtes, cédées au rabais, avaient échoué dans les hôtels-restaurants, car on s'imaginait que les touristes affamés bâfreraient à en crever ces charognes. Personne n'avait plus le cœur à avaler une bouchée, certains gagnaient les toilettes pour se rincer la bouche ou pour dégueuler. On débarrassa la table mais on ne nous servit rien d'autre, sauf, en guise de dessert, de petits puddings roses si durs qu'ils ne tachèrent même pas le crépi quand, dépités et furieux, nous les balançâmes au plafond. Le lendemain, je fus appelé chez le directeur de l'hôtel, un homme au visage pâle et bouffi dont le menton minuscule se pelotonnait dans un cou flasque et qui, en bonne justice, aurait dû avoir un bec-de-lièvre. Il déclara dans le patois local – ressemblant à l'allemand au point que les Boches, en mai 1940, ne se rendirent compte qu'ils se trouvaient en territoire ennemi que quand ils eurent poussé jusqu'en Brabant –, que j'avais coupé radicalement l'appétit à mes camarades. Qu'un mets délicieux, très apprécié en été par les touristes distingués venus d'Allemagne et de Belgique et figurant sur la carte sous l'appellation alléchante de « Ragoût de viande et de légumes », avait échoué par ma faute dans le tonneau à déchets. Qu'il se plaindrait auprès de l'administration communale et que je serais renvoyé à Amsterdam. Je lui répondis que ce n'était pas nécessaire, que je partirais de mon propre gré dans quelques jours, après le carnaval. J'assistai donc à cette fête. Je vis tous les habitants de la localité qui, durant l'année, n'avaient osé regarder qui, la femme de l'un, qui, le mari d'une autre, se laisser aller sans retenue. Lorsque vous entriez à l'improviste dans votre chambre d'hôtel, vos regards plongeaient dans le con d'une inconnue, tandis qu'un gaillard éméché s'escrimait près du lit pour extraire son cigare de sa braguette. On injectait la bière, transformée en sperme, dans les femmes qu'on renversait en tricotant des gambettes et en braillant dans les couloirs et sur les paliers. Je partis le mercredi des Cendres, avant que les mâles, les alentours de la braguette tachés de croûtes blanches séchées mais le front marqué par la pénitence, ne se fussent ressaisis. Outre mes frusques, j'avais fourré dans mon havresac un magnifique mantelet de fourrure aux reflets bleus qui traînait dans le couloir comme un chiffon, maculé d'une tache poisseuse prouvant que le sperme avait atterri dans la toison qu'il fallait. Et me voilà posté au bord d'une route, aux environs de Ruremonde. Ainsi donc, il y avait du verglas et mon haleine, condensée par le froid, ressemblait aux bulles sortant de la bouche des personnages d'une bande dessinée. Le gel collait mes semelles au sol, une mince couche de glace se déposait sur mon blue-jean qui craquait à chaque mouvement. Cependant, j'oubliai toutes mes misères dès que j'eus jeté mes bagages dans le coffre et que je me fus installé à ses côtés dans cette grande bagnole dont les vitres s'embuèrent aussitôt, car la glace fondait et les jambes de mon blue-jean collaient à mes cuisses, les réfrigérant. Par moments, elle devait ralentir parce que de grosses branches, cassées comme des allumettes sous le poids des glaçons, obstruaient la chaussée. Je voyais alors ses jambes remuer gracieusement, comme si elle appuyait sur les pédales d'un orgue Hammond. Le paysage fuyait de part et d'autre de la voiture. Des cabanes de paysans parmi l'osier à l'abandon et les roseaux ocres. À vrai dire, ç'aurait été d'un ennui mortel si je n'avais été assis aux côtés d'une aussi jolie femme, devant un tableau luisant d'où sortait la voix de Cliff Richard chantant Living Doll. « *Got the one and only walking talking living doll.* » Si j'avais dû traverser ce pays à bicyclette, tel ce campagnard à la tête enveloppée d'un châle. Les arbres luisaient comme s'ils baignaient dans du verre fondu lorsque le pâle soleil jetait un coup d'œil à travers les nuages. De temps à autre, on avait l'impression d'y plonger. Aux tournants abrupts. Je ne cessais de la reluquer. Son visage. Ses joues potelées, mouchetées de taches de son. Cette magnifique tignasse rousse, à propos de laquelle je lui avais déjà demandé si la teinte était naturelle ; elle avait répondu par l'affirmative et je lui avais dit qu'on l'appelait blond vénitien. Je l'avais observée en riant lorsque, l'instant d'après, j'avais fait chorus à Cliff Richard : « *Look at her hair, it's real.* » Entre-temps, je m'étais demandé si les poils de ses aisselles et de son sexe étaient également roux. Je m'écartai un peu, afin de voir au moins ses yeux et de ne pas en être soudainement ébloui lorsqu'elle tournerait la tête. Des yeux splendides. Les plus beaux que j'eusse vus de ma vie. Ils étaient bruns. On aurait dit de l'or. Il me vint à l'esprit qu'un ami, qui étudiait la biologie, m'avait affirmé un jour en me montrant un crapaud dodu qu'il tenait sur sa main : « Si jamais je rencontre une pépée avec des yeux pareils, je la demande aussitôt en mariage. » Il est vrai qu'il avait proféré ensuite un « Nom de Dieu ! » et remis l'animal verruqueux dans le terrarium parce qu'il lui avait pissé sur la main. Qu'un ange me pisse sur la langue ne me gênerait pas. Tout en admirant son visage piqué de taches de rousseur, je me disais que le mégot pendillant au bord de mes lèvres me donnait certainement l'air d'une petite arsouille. Comme elle ne s'étonnait pas d'apprendre que j'étais artiste, je lui racontai quelques anecdotes de la vie de bohème amstellodamoise. Pas trop corsées, évidemment. Car je ne voulais pas l'éclabousser de la trivialité et de la gadoue de l'existence des artistes en tambourinant sur ma poitrine et en parlant d'une voix de mâle en rut. Un jour, à l'académie, j'avais poussé un blond modèle nu dans un baquet d'argile préparée et l'avais enduite des pieds à la tête de cette boue grisâtre et grasse. La nana avait gémi, mordu, puis, pendant une heure, elle s'était nettoyée avec un vieux cache-poussière, près du lavabo, en adoptant des positions lascives. Je m'abstins d'ajouter qu'elle avait pris sa revanche. Une vengeance exquise. Dès que les autres eurent vidé les lieux, elle m'avait soudainement poussé contre le mur et branlé séance tenante. Et lorsque j'avais lâché mon jus, elle l'avait flanqué par terre d'un geste souple mais énergique, disant : « Et voilà ! » Puis elle s'était sauvée en brandissant son sac. Une autre fois, à la salle d'anatomie, nous avons disposé deux squelettes l'un sur l'autre, dans la position d'un couple faisant l'amour. Quand le chargé de cours arriva – il fumait sans arrêt un brûle-gueule et traitait les squelettes affectueusement, comme si c'étaient des jeunes filles –, il fit semblant d'avoir combiné lui-même ce jeu de l'amour osseux. Sans broncher, il se mit aussitôt à parler de tous les muscles qui fonctionnaient lors d'un exercice de ce genre. Les filles étaient cramoisies, nous finîmes tous par avoir la migraine. C'est qu'il nous tint le crachoir trois heures d'affilée. Et lorsqu'il sépara les squelettes et les redressa, il dit, soufflant hargneusement un nuage de fumée à travers un thorax : « Si vous désirez savoir aussi comment ça se passe lorsque la femme chevauche l'homme, vous n'avez qu'à les apprêter pour la semaine prochaine. » Elle riait de bon cœur en retroussant les commissures de ses lèvres. À un moment donné, nous doublâmes un camion sur la route glissante, elle dut tenir le volant des deux mains et je posai l'une des miennes sur les genoux qui dépassaient de sa jupe. Ce n'étaient pas des machins osseux où de vilaines rotules faisaient saillie, non plus de pâles pains au lait informes. C'étaient d'impressionnantes pièces d'art plastique, comme disait notre professeur d'histoire de l'art lorsqu'il se mettait à pérorer sur la sculpture grecque. Tout compte fait, je n'avais pas pour rien suivi le cours d'anatomie pendant plusieurs années. Elle ne repoussa pas ma main lorsque nous eûmes dépassé le camion, et ne serra pas les cuisses quand mes doigts remontèrent un peu vers le haut. Aussi lui proposai-je de nous arrêter. Il ne m'échappa guère que ses yeux se voilaient. C'est pourquoi je posai mon autre main sur sa nuque et la chatouillai doucement à la lisière des cheveux, puis je lui pinçai délicatement le bout de l'oreille à la façon d'un choucas. Elle s'engagea sur la bande de stationnement et nous tombâmes dans les bras l'un de l'autre avant que la voiture se fût immobilisée.

Elle glissa sa croupe sur le bord de la banquette en écartant les cuisses, tant et si bien que je pus repousser sa culotte et que j'eus beau jeu de fouiller dans sa fente humide. Ma main caressant sa nuque se glissa sous le pull, je lui chatouillai le dos, elle se pencha un peu en avant sous l'effet de la sensation agréable et je pus couler un regard dans la vallée sombre des omoplates parsemée de points bistres. De sa main gauche – par bonheur, je bande à gauche –, elle gratta la barre de caoutchouc durci nichée en haut d'une jambe de mon blue-jean, d'abord comme par hasard, puis carrément. Les ongles grattaient le tissu qu'elle semblait avoir envie d'effilocher. Des ongles de la main droite, elle traçait des sillons dans mon dos. Elle avait tiré ma chemise hors de mon blue-jean et glissa sa patte contre ma peau. Mais comment lui faire abandonner le volant et l'attirer sur mon siège ? D'ailleurs, se laisserait-elle baiser ? Prudemment, je l'attirai sans lui demander quoi que ce fût et elle glissa souplement sous moi en me faisant des mamours. Je me contentai d'écarter sa culotte pour que des manœuvres compliquées ne lui laissent pas le temps de se ressaisir. Car elle était toute ramollie, étourdie de désir. Lorsque je la pénétrai elle était dans les transes et criait : « Ne me fais pas de gosse, tu entends. Ne me fais pas de gosse. » Elle le répétait tout en jouissant et alors que ma respiration saccadée l'avertissait que je ne tarderais pas à lâcher le paquet. Toutefois, je me retins en regardant de sang-froid une boîte sur la banquette arrière et en lisant l'inscription en vilains caractères rouges : HERMES S.A. – COMMERCE EN GROS D'ARTICLES DE MÉNAGE. Lorsque j'éjaculai finalement, je me retirai tout d'un coup et heurtai douloureusement la multitude de boutons brillants : l'allume-cigares, la lumière ceci, la lumière cela, la radio, l'essuie-glace, est-ce que je sais ? Elle se dégagea aussi souplement qu'elle était venue. Elle remonta sa culotte et rabaissa sa jupe sur ses genoux. Elle se borna à me demander, tandis qu'elle tordait la bouche en se regardant dans le rétroviseur et en enlevant quelques traînées de rouge à lèvres de son doigt mouillé : « Tu as bien fait attention, mon chéri ? » Mon chéri, pensai-je, nom de Dieu, mon chéri. Elle l'avait dit d'un ton naturel. C'est-à-dire qu'elle ne me considérait pas comme un étalon qu'elle laissait passer sur elle à l'occasion. Peut-être bien que oui. Bah, ce n'en était pas moins délicieux. Quand même, « mon chéri ». J'attirai son attention sur le sperme coulant le long de la banquette. Elle le regarda d'un œil embué. Et je lui dis, plus ou moins à la Mackie Messer : « Pas une seule goutte, ma chérie. » Nous éclatâmes de rire. Tandis que j'essuyais avec mon mouchoir, je lui demandai si elle m'aimait un peu. Et elle d'affirmer : « Un peu beaucoup. Sinon je ne me serais pas arrêtée. Je ne prends jamais personne. Sauf toi. » Je la trouvai si gentille que j'en oubliai de remettre mon sexe dans mon caleçon avant de remonter la fermeture Éclair de mon blue-jean. Je poussai un cri de douleur et fus pour ainsi dire paralysé. La peau de ma queue était coincée dans les dents de cuivre. Au début, nous nous en amusâmes, car je pensais que je parviendrais bien à la libérer, comme j'avais dégagé jadis la peau de mon cou prise dans la fermeture de mon chandail. Je me disais qu'un coup de main de l'inventeur de la fermeture Éclair du conte de Tucholsky viendrait à point. Toutefois, elle ne connaissait pas ce récit. J'avais beau tripoter ce sacré machin, je ne réussissais pas à l'ouvrir. Ma bitte ressemblait à un bout de chair humaine serrée entre les rails d'un tram. Sous l'effet de la souffrance, elle bandait et dressait cocassement sa pointe rouge, tandis que la peau coincée virait au violet. Je réprimais un cri au moindre mouvement que je faisais. Il n'y avait d'autre solution que de briser prudemment à l'aide d'une petite tenaille les articulations de la fermeture Éclair. Mais il n'y en avait pas dans cette grosse bagnole, nom de Dieu ! Je priai Olga d'aller quelque part où nous pourrions en emprunter une. Elle proposa de nous adresser à un garagiste. Seulement, il aurait été gênant de lui expliquer, au moment où il s'apprêterait à soulever le capot, que le bât blessait ailleurs. Elle essuya la vitre embuée et démarra doucement, car je gémissais comme une femme en travail à chaque cahot. Elle prit la première route latérale et s'arrêta devant une ferme. Je la vis gravir le perron en roulant son beau cul. Elle sonna. Une grosse femme en tablier lui ouvrit. Elles palabrèrent. Ça traînait en longueur. Je me demandais quelle histoire à la con elle faisait gober à l'autre. Nom de Dieu, cette tenaille se faisait attendre. Incommodé par la souffrance, je jetai un coup d'œil à travers la vitre. La femme rentra en traînant les pieds. Un peu plus tard, un minuscule bonhomme ratatiné, vêtu d'un bleu délavé, vint se poster dans l'embrasure de la porte. Qu'est-ce qu'ils pouvaient bien foutre ? Encore des conciliabules interminables. Il n'y a pas lieu de s'étonner si Marx ne faisait guère confiance à la paysannerie. Sans doute a-t-elle de la jugeote, mais elle a l'intelligence lente. Lorsqu'il lui tendit enfin une tenaille, il lui emboîta le pas. Elle dut se donner beaucoup de peine pour le convaincre de faire demi-tour au milieu du perron. Je disposais enfin d'un outil me permettant de casser la fermeture Éclair, tandis que les habitants de la bicoque nous tenaient à l'œil par-dessus les fuchsias ou quelque autre plante. J'enlevai l'un après l'autre les bouts de cuivre accrochés comme des hameçons dans la peau de ma queue endolorie. Un travail de pêcheur qui me faisait saliver abondamment. Par moments, Olga me regardait faire, l'air anxieux, mais la plupart du temps, elle détournait la tête. Elle posa doucement sa main sur ma cuisse et je lui dis que la justice de Dieu était immanente, ou quelque chose d'approchant. Ayant terminé, je pris mon temps pour remettre mon Gaulois blessé dans mon caleçon, et Olga rapporta la tenaille. La porte s'ouvrit avant qu'elle n'eût sonné. Et c'en fut fini de nous épier. Les culs-terreux s'étaient sans doute inquiétés pour leur tenaille. Ils avaient eu peur que nous ne levions le pied. Je n'attendis pas son retour, je descendis avec mille précautions, eu égard à ma tringle martyre, et j'allai prendre le mantelet dans le coffre. Car il m'était avis, maintenant que je me sentais à moitié écorché, qu'elle méritait un mantelet de fourrure. Elle me dit que c'était du renard bleu. Une fourrure très précieuse. Lorsqu'elle me demanda comment je me l'étais procurée, je répondis que je l'avais troquée contre un fossile rare que j'avais découvert dans la caboche du Jésus que je sculptais. Elle n'en demanda pas plus, manœuvra la voiture et regagna la chaussée. Nous gardions le silence, que voulez-vous qu'elle dise ? Il ne convenait guère de s'apitoyer sur ma pine. Ou de demander comment allait mon sexe. Nous nous connaissions depuis deux heures à peine. Soudain, nous éclatâmes de rire. De concert. De plus en plus fort. Je me tapais énergiquement sur les cuisses et je me pliais en deux sous l'effet de la douleur aiguë. Et je crois que notre accès de gaieté fut à l'origine de l'accident. Elle s'engagea tout à coup sur la voie de gauche, alors qu'un véhicule arrivait en sens inverse. Elle donna un brusque coup de volant pour l'éviter et dérapa. Elle poussa un cri, comme si elle s'était mise à planer. Notre voiture fit un tête-à-queue. Je voyais les arbres bordant la route s'agiter comme s'ils n'étaient pas solidement plantés dans le sol. Notre bagnole traversa la chaussée à toute allure et se lança de plein fouet contre un arbre. Je fus projeté en avant. J'eus l'impression d'avoir été précipité dans un tunnel de glace. Une batterie de bruits secs. J'avais la bouche pleine de petits objets durs et pointus. Je les crachai. Une pensée traversa mon cerveau : mes dents. Mon visage était tiède. J'y passai ma main et la retirai rouge et poisseuse. Je n'avais pas le courage de palper mon crâne, redoutant de fouiller mon cerveau. Enfin, je jetai un regard de côté vers Olga. Je fus glacé d'effroi. Je la crus morte. Elle était tombée en avant, le volant écrasait sa poitrine et sa langue sortait de sa bouche. Ses yeux étaient ouverts. J'avais l'impression de l'avoir regardée pendant une heure lorsque j'ouvris la portière. Je la traînai hors de la voiture. Le mantelet déchiré l'enserrait étroitement. Si étroitement que je craignais qu'il ne l'étouffât. Je l'enlevai et le jetai par terre. Ensuite, je la soulevai et gagnai la chaussée à pas chancelants. Des gouttes de sang tombaient de ma tête sur son visage et coulaient le long de son cou sous ses vêtements. Et me voilà avec Olga dans les bras. Je hurlais, la croyant morte. Trois autos passèrent. Il m'était impossible de leur faire signe. Chaque fois, je la soulevais un peu et appelais au secours. Le chauffeur de la première, de même que celui de la deuxième, jetèrent un coup d'œil sur ma gueule ensanglantée. Et ils poursuivirent leur chemin comme si de rien n'était. Ils ne voulaient pas salir leur voiture. Enfin arriva une vieille petite bagnole anglaise. Une Morris datant des années de guerre. Il en descendit un Anglais chétif qui, les bras tendus, accourut et me demanda flegmatiquement : « *Can I help you, sir*[1] *?* » Je lui passai Olga, mais ses genoux fléchirent et ils tombèrent tous les deux par terre, à mes pieds. La tête ensanglantée d'Olga reposait sur l'imperméable clair de l'autre. Je n'ai jamais compris comment il parvint à nous caser dans son véhicule minuscule pour nous conduire à l'hôpital. Je suppose qu'Olga s'était relevée par ses propres moyens, mais elle ne s'en souvint pas par la suite. Pas plus qu'elle ne se souvint avoir poussé une exclamation : « La voiture, oh ! la belle voiture neuve ! » Par contre, je me rappelle que j'avais passé le bout de ma langue sur mes dents dès que je fus installé sur la banquette arrière de cuir vert, enlaçant le corps frémissant de ma compagne. Et que j'avais jeté ensuite un coup d'œil par la vitre sur l'auto. Sur notre belle voiture transformée en épave. Le pare-brise était blanc comme neige,

1. « Puis-je vous aider, monsieur ? »

mais il y avait une boursouflure trouée au milieu, à l'endroit où ma tête avait cogné. Et je devinai que ma bouche avait recueilli les éclats de verre provenant de ce trou. La carcasse et les alentours immédiats étaient jonchés de glaçons que le choc avait fait tomber de l'arbre. Le mantelet loqueteux traînait parmi ce tas de ferraille étincelant, tel un animal écrasé.

Someday sweetheart

Nous avions vu les caprices incroyables de la nature. Un tibia soudé à un tronc d'arbre. Le veau à bec-de-lièvre. Le veau mongoloïde à tête de chien, né le 3 avril 1952 à Winschoten, chez le fermier Herms. Les fouets des camps de concentration. Maculés d'une épaisse couche de sang goudronneux. Les têtes jumelles d'un veau. Une masse blafarde nageant dans un liquide trouble. À moins que ce bocal ne contînt des panses de bœuf à moitié pourries raflées chez un boucher de campagne en faillite. Regardant de plus près, on y découvrait un œil terne. Pareil à une boutonnière dans un sous-vêtement sale. L'ennemi mortel n° 1 : LE CANCER. Ce qu'il faut voir absolument ! Nous l'avions vu et elle n'avait cessé de frissonner. Peut-être avait-elle pensé à sa mère. Seulement, j'ignorais encore l'histoire de ce balcon mutilé. J'avais rencontré Olga pour la seconde fois à la terrasse d'une baraque où l'on servait des beignets, à l'ombre des arbres du Nieuwmarkt. Moins de deux mois après l'accident. C'est probablement pour cette raison que nous n'en parlions pas, ne l'évoquions pas par une plaisanterie, et que nous évitions les autos tamponneuses. Par contre, nous visitâmes le tunnel des horreurs dans un wagonnet délabré. Cette fois, elle se trouvait à ma droite, on aurait dit que nous allions revivre l'accident dans un rêve. Immobile, se serrant contre moi, elle ne hurla pas lorsque des traînées de fils nous frappèrent au visage, ni quand une araignée couleur de plâtre, grosse comme une noix de coco, apparut soudain, tapie dans une toile de grosses cordes et dans une clarté bleuâtre. Non plus que lorsqu'une petite lumière s'alluma dans le thorax d'un squelette. Par contre, le tronçon de rue à peine éclairée dans cet espace noir nous effrayait vraiment, de même que les rais de clarté entre les cloisons mal ajustées de l'édifice qui auraient pu se rejoindre et nous précipiter dans un abîme horrifiant de mort et de damnation, comme dans le conte de Poe. Elle poussa un cri strident quand nous quittâmes l'obscurité par des portes battantes fixées aux extrémités d'un ensemble d'énormes côtes qui nous surplombaient telles des arcades. Un cri retentissant, perçant. Elle cacha son visage dans mon chandail. Je l'aidai à descendre du véhicule. Clignant des yeux sous l'effet de la lumière vive, nous quittâmes le champ de foire en nous faufilant entre les gens qui suçaient des sucres d'orge, plantaient les dents dans une barbe à papa, serraient de gros ours en peluche sous le bras ou tiraient à la carabine dans le bruit éclatant de la musique, les mugissements et les trépidations des carrousels. Lorsque je l'avais aperçue à cette terrasse, j'avais senti les éclats du pare-brise dans ma bouche. J'étais tellement heureux de revoir l'animal roux au regard voilé. Elle aussi était heureuse de me revoir ; elle écartait les mèches de mon front pour regarder les petites cicatrices. J'en avais d'autres, de cicatrices, mais elle ne demanda rien à leur sujet. D'ailleurs, il aurait été indécent de pêcher ma queue dans mon pantalon pour lui montrer que les traces violettes ne s'étaient pas encore effacées après huit semaines. On aurait dit qu'un quidam pourvu d'un féroce râtelier carré y avait planté ses dents longitudinalement. Je n'étais pas retourné à l'académie depuis deux mois. Les premières semaines parce que j'étais courbaturé à la suite de l'accident, que je me traînais en m'appuyant sur une canne et que je portais des lunettes de soleil parce que j'avais mal aux yeux et que je voyais double. On m'avait pourtant assuré à l'hôpital d'Eindhoven, où l'on m'avait examiné aux rayons X et malmené la tête au point que je m'imaginais qu'on voulait me rompre le cou, que je n'avais pas eu de commotion cérébrale. Plus tard, j'étais allé deux ou trois fois par semaine à Alkmaar, dans l'espoir de la rencontrer. J'avais passé bien des heures sous un porche, presque en face de leur magasin. J'étais tenté d'écrire JE T'AIME ! JE T'ATTENDS, VIENS. JE NE T'OUBLIERAI JAMAIS sur l'enseigne circulaire émaillée de bleu et ornée d'un Hermès en pied, casqué, le caducée à la main et des ailes aux chevilles. Je ne voyais rien remuer derrière les fenêtres de l'étage qu'ils occupaient. Lorsque je téléphonais, j'entendais la voix acerbe d'une secrétaire : « Hermès, S.A. » Je m'empressais alors de reposer le combiné sans mot dire. Car si je ne me dépêchais pas de raccrocher, la même voix enchaînait d'un ton glacial : « Vous pouvez vous dispenser de composer notre numéro. Vous le savez bien. On ne vous permettra pas de parler à Mlle Olga. » Si j'avais connu l'histoire des couteaux datant de la guerre, je me serais présenté comme le président d'une association de campeurs et j'aurais prétexté que j'étais à la recherche d'une bonne occasion : « Cela n'a pas d'importance. Il n'y a aucun inconvénient à ce que les manches portent l'inscription *GOTT MIT UNS, HEIL HITLER* ou *WIR HABEN ES NICHT GEWUSST.* » Seulement, à cette époque, je n'étais pas encore initié aux secrets du commerce. La première fois que j'avais téléphoné et demandé Olga, on m'avait passé la mère. Qui n'était aucunement disposée à appeler sa fille. Que nous ayons échappé ensemble à la mort ne lui faisait ni chaud ni froid. La perte d'une voiture flambant neuve lui suffisait largement. Et elle avait ajouté qu'elle prendrait des mesures qui ne m'enchanteraient guère si je continuais à importuner Olga. D'une voix doucereuse, évidemment, mais son mari et elle-même n'approuvaient point que leur fille nouât des relations de ce genre. Qu'est-ce qu'elle entendait par là ? Que j'étais un artiste débutant et, par conséquent, censé ne pas même gagner de quoi vivre. Ou bien voulait-elle parler d'un individu qui, braguette ouverte, se baladait en voiture en compagnie de sa fille ? Les flics l'avaient sans doute mise au courant de ce détail. Ils n'avaient certainement pas cru le premier mot de sa déclaration : qu'un pneu avait éclaté et qu'elle avait perdu le contrôle de la voiture. Ils avaient commencé par chanter insidieusement que nous étions jeunes et qu'ils comprenaient fort bien que nous nous soyons enlacés ou que nous ayons flirté un peu. Mais ils avaient fini par insinuer qu'un de nous deux, sinon tous les deux, avait égaré ses mains en des régions interdites. À n'en pas douter, un chien policier avait dépisté une gouttelette de sperme à l'état pur sur l'épave accrochée à la dépanneuse stationnant dans la cour. Ils ne cessaient de reluquer ma braguette bâillante qui dessinait comme un triangle blanc au-dessous de mon blouson. Ils auraient pu supposer, tout de même, qu'elle avait été déchirée lors de l'accident, car les jambes de mon blue-jean, elles aussi, étaient déchirées un peu partout, comme l'écorce d'un arbre durant sa croissance. « Ainsi donc, un pneu éclaté ? Vous en êtes bien sûrs tous les deux ? » Le procès-verbal, écrit dans le « style flic » et lu d'une voix mal articulée : « Devant nous, Untel ou Untel de service, ont comparu… » Et cætera. L'essentiel, c'était que je l'aie retrouvée. Chemin faisant vers mon atelier, elle me raconta que ses parents passaient trois semaines de vacances en Autriche. Je me disais que, s'il en était ainsi, elle pourrait passer trois semaines chez moi, mais je n'osai le lui proposer, de peur qu'elle ne m'envoyât sur les roses. Elle le proposa elle-même. Lorsqu'elle se fut installée sur le porte-bagages, derrière moi, elle ceintura ma taille des deux bras. Je la trouvais vraiment mignonne, je pensais au trésor que représentait ses superbes fesses assises derrière mon dos courbé, et je pédalais doucement. Pour qu'elle ne sente pas les cahots. Je me promis de ne pas me comporter d'emblée en animal, comme dans la voiture. Car cette attitude cause des malheurs et des ennuis. Ainsi décidé, ainsi fait. Assis par terre dans mon atelier, nous bavardâmes plusieurs heures d'affilée, jusqu'à ce que le soir tombât insensiblement. Mettant sans discontinuer les deux disques que je possédais. Le deuxième concert de jazz de Benny Goodman : « *Hello, this is Benny Goodman and it seems to me that I have heard that thing before. You may have heard it too as well as the other numbers…* » Nous finîmes par les connaître par cœur. Nous écoutâmes bien dix fois *Someday sweetheart, Stardust, My gal Sal,*

Josephine, Everybody loves my baby, You turned the tables on me. Entre-temps, elle me parlait un peu de tout. En premier lieu, de son père, parce qu'elle l'aimait davantage. De sa manie de se débarrasser de sa morve. Du dépôt de crottes sous son fauteuil. Du gros rire qui avait secoué sa bedaine lorsqu'elle était rentrée après l'accident, toute courbaturée, dans l'impossibilité de s'asseoir parce qu'elle avait mal partout, et qu'il ne s'était pas fâché à cause de la voiture démolie. Qu'il avait balayé les jérémiades de la mère en disant : « Voyons, ma chère, pourquoi se tracasser pour ce tas de ferraille ? » Qu'il se postait devant la fenêtre quand il pleuvait ou que la tempête faisait rage et opinait avec bonhomie : « Le temps est mauvais, comme les gens. » Un jour, elle était convenue avec une amie de lui faire écho, car elles savaient quand il débiterait la phrase. Elle et sa copine l'avaient entonnée, mais lui n'avait rien dit. Il était secoué de rire. C'est que, malicieux comme un cochon, il avait le nez fin. Qu'il déambulait dans la maison en toussant comme un vieux de la vieille. Elle l'entendait, dans sa chambre où elle lisait *Sous les ailes de maman* ou *Petite tête de mule*. Autrefois, lorsqu'elle suçait son pouce, il le retirait doucement, comme le bouchon d'une bouteille, disant : « Tes petits doigts ne sont tout de même pas des sucettes, ma poupée. » De sa mère qui lui avait expliqué lorsqu'elle était une fillette de dix ans, un jour où elle était entrée à l'improviste dans la salle de bains et avait vu la chair raclée à l'endroit du sein qu'on lui avait enlevé : « Ça vient de ce que tu l'as tété. » Et elle s'était imaginé longtemps que les seins fondent lorsqu'on a un enfant, que les bébés les mangent peu à peu. De l'école primaire. De ses premiers petits amis agressifs, entreprenants : « Attends, toi, je vais te dépuceler. » Cela consistait à serrer vos bras croisés sur votre poitrine, à les maintenir d'une main et à vous peloter un peu de l'autre. Qu'elle et une amie avaient ligoté un copain avec un torchon à carreaux blancs et bleus. Puis sa complice avait dit au garçon : « Aigle Noir sera libre quand il aura mangé un ver. » Elle lui avait fait répéter : « Aigle Noir sera libre quand il aura mangé un ver. » Il avait marmonné docilement, l'air gourmand et les yeux pensifs comme s'il était accroupi et chiait. Elles avaient trouvé un lombric sous un pavé, dans le préau, et l'avaient déposé sur sa langue qu'il sortait comme pour recevoir une hostie. Écartant les lèvres pour qu'elles voient bien, il avait mâché le ver et l'avait avalé. Puis il avait jubilé : « Je suis libre maintenant. » Elles l'avaient relâché et il était allé boire une gorgée d'eau au robinet. L'air grave, elle me dévisagea et déclara : « Quand on a mangé un ver, on est libre. J'en suis convaincue. Seulement, je n'en aurais pas le courage. » Je lui pris les mains, l'obligeai à se lever et nous nous mîmes à danser. « *I hadn't anyone till you, I never gave my love till you, And through my lonely heart...* » J'allumai des bougies car c'était l'époque où les artistes organisaient des fêtes arrosées de vin aigre du pays qu'on buvait aux chandelles. Des bougies fichées dans le goulot de bouteilles vides. Et il me revint que j'avais entendu dire par quelqu'un lors d'une fête : « C'est un plaisir de danser avec des femmes potelées. » Tout en dansant, je retroussai sa jupe et baissai sa culotte sous ses fesses. Quand elle tournait le dos au miroir, je me trémoussais sur place. Et je voyais onduler son cul magnifique. Impudemment, à la lumière des bougies. Je me sentais richissime. Mais elle jeta soudain un regard par-dessus son épaule et dit, mi-offusquée, mi-étonnée : « Tu me regardes ! » Elle essaya de se dégager pour remonter sa culotte et rabaisser sa jupe. Je la contournai en toute hâte et, voyant comment je me frottais contre son anatomie, elle se laissa faire. Je sentais la chaleur de son corps à travers le tissu de mon blue-jean ; je m'agenouillai devant elle et embrassai son ventre, ses cuisses, puis vint le moment où j'eus son con juteux entre mes lèvres. Ce n'était pas un con au milieu d'une broussaille hirsute qui vous donnait l'impression d'embrasser un barbu, ni un appareil aux lèvres débordantes semblables à des nageoires brunâtres ou aux portillons d'un salon prêts à vous taper sur les couilles. Non, je n'avais jeté qu'un regard rapide sur sa petite touffe, mais aucun détail ne m'avait échappé. J'avais vu son ventre piqué par-ci par-là d'une tache de rousseur égarée, un haricot rouge parmi le blé resplendissant du Cantique des Cantiques. Son ventre, qui s'arrondissait au-dessous d'un léger étranglement ressemblait pour ainsi dire au petit sein ferme d'une jeune fille. Un fruit mûr, vermeil, couvert de poils roux et doté d'une entaille d'où s'écoulait un liquide laiteux. J'enlaçai ses fesses et me serrai contre elle. J'introduisis ma langue dans cette fente humide. Elle gémissait et geignait, elle frémissait sous l'effet de la tension nerveuse, ses hauts talons martelaient le parquet ; soudain, elle avança le bas-ventre d'une secousse, puis, posant les mains sur le sommet de mon crâne, elle maintint mon visage contre sa chair voluptueuse. Enfin, son con fit le tour de ma langue. Finalement, elle me repoussa, mais mon menton s'accrocha à l'élastique de sa culotte tendu entre ses cuisses, de sorte que je fus à même de lui donner un dernier coup de langue délicieux. Et de me souvenir d'un passage de la traduction française du *Kama-sutra* : « Excitées directement par la succion, l'aspiration et le lèchement de tous leurs organes, les femmes, parvenues au paroxysme, lancent dans la bouche de l'homme, par le conduit afférent, le mucus glaireux sécrété par les glandes vulvo-vaginales. » Je m'étais toujours dit que c'était exagéré et que Henri IV – mon royaume pour un con –, qui en raffolait à l'excès, avait été victime de son imagination surchauffée. Il le trouvait plus savoureux que les huîtres. Eh bien, je n'aime pas les huîtres, mais au moment où je l'avais sur la langue et le goûtais, en observant Olga, languissante, les yeux entrouverts, encore amollie par le plaisir, force m'était de reconnaître que c'était vraiment savoureux. Tout à coup, elle serra les mains sur sa toison, disant qu'il y avait urgence. Je lui répondis qu'elle pouvait pisser dans ma bouche. Elle répliqua que j'étais un sagouin et courut vers l'endroit que je lui avais indiqué, le lavabo, dans le coin de l'atelier. Tandis qu'elle pissait de bon cœur, un peu confuse, la croupe saillante et à moitié cachée par le grand ficus, je me réjouissais qu'elle ait décliné ma proposition. Car ça clapotait, on aurait dit qu'une chèvre pissait sur une feuille de zinc. En proie à un désir intense, je m'élançai vers elle avant qu'elle n'eût fini, glissai ma main entre ses cuisses et y recueillis la bonne pisse chaude. Puis je m'en frottai le visage. Elle fit une grimace de dégoût, mais je lui expliquai qu'aucun parfum n'égale celui de l'urine d'une jeune femme saine (à moins qu'elle ne soit buveuse de bière). De plus, elle a des vertus curatives. En premier lieu, c'est un remède contre les brûlures d'ortie. Sur ce, je les pris dans mes bras, elle et son con mouillé, et les portai dans mon lit tout en couvrant son visage de baisers, en le léchant. Même les oreilles et les narines. Goût amer ou salé. Après que je l'eus déshabillée, ce qu'elle me laissa faire sans rouspéter en s'étirant paresseusement, je disposai toutes les bouteilles garnies de bougies sur des tabourets et des caisses autour du lit. Et de m'installer sur une chaise pour la contempler. Ses seins ne s'écroulaient pas comme des puddings trop mous, ils gardaient leur forme et dressaient leurs pointes vers le plafond. Et ces pointes n'étaient pas de ces billes brunes donnant envie de les chasser d'une chiquenaude, c'étaient les pointes roses de ces magnifiques coupoles arrondies. Elles étaient mouchetées de centaines de taches de rousseur minuscules, comme si on les avait saupoudrées de cassonade. Et la peau était si blanche autour de ces petites taches qu'on était porté à croire qu'elle ne se lavait qu'au savon Palmolive. La chère tête ronde, auréolée de mèches ondulées, reposait sur l'oreiller ; elle regardait paisiblement autour d'elle de ses grands yeux foncés. Qui firent le tour de l'atelier. Observant les plantes, les études de nus et l'image du lit entouré de bougies dans le miroir. J'allai aux toilettes et, lorsque je revins, elle dormait, une main couvrant sa toison rousse, l'autre serrée contre sa joue. Je me rassis. Je ne me lassais pas de la contempler. À un moment donné, je m'aperçus que ses lèvres s'étaient entrouvertes, qu'elle avait glissé son pouce dans sa bouche et le suçait à petits coups. Je ne sais combien de temps je suis resté collé à mon siège, fasciné par cette belle créature. Je voyais les bougies s'éteindre l'une après l'autre. Certaines en sifflant si le reste de suif et la mèche allumée passaient par le goulot et tombaient au fond de la bouteille. Et j'entendis les oiseaux chanter comme des forcenés, les ramiers roucouler et bougonner longtemps avant que le jour ne se levât. Le froid matinal la réveilla. Je me glissai à côté d'elle et tirai le drap sur nous. Et la nuit commença pour nous deux.

La pomme de vengeance

Dès que ces connes d'Américaines eurent vidé les lieux, emportant leurs perruches, leurs livres d'art (ce connard de Dürer aux cheveux frisés) et escortées de leurs amis sans feu ni lieu (il me vient à l'esprit qu'elles portaient des culottes de tissu élastique qui enserraient étroitement leur popotin), la vie reprit de plus belle. Plus exactement, un autre genre de vie dévergondée. Purifiée par la solitude et le chagrin, si j'ose dire. Et par la nostalgie de ma rouquine. Quoi qu'il en soit, je ne rôdais plus à gauche et à droite, cherchant à enfoncer ma tringle agressive comme un harpon dans la première couche de lard émergeant des vagues de l'existence nocturne de la vie citadine. Non, je faisais la chasse à ce qu'on appelle des affinités. J'amenais chez moi des filles qui étaient manifestement dans le pétrin. Des nanas avec lesquelles je bavardais des heures durant avant de sortir ma sucette. De la mort, de la misère, de la maladie, des tétons enfoncés dans les nichons – j'avais beau sucer avec frénésie les mamelons de leurs nénés jusqu'à ce qu'ils s'épanouissent comme des bourgeons ardents, ils disparaissaient de nouveau dans le tissu poreux de leur laiterie flasque avant que ma salive ne fût refroidie –, de leur famille, de leurs parents, de leurs sœurs cadettes, de leur frère aîné, de l'inceste, de la sodomie et de l'acné. Cependant, cela tournait parfois mal, car on dit non sans raison qu'on risque de se lever souillé de merde lorsqu'on couche avec des mômes. Eh bien ! on peut en dire autant à propos des petites tordues. Par exemple, à propos d'Elly que j'avais extraite à grand-peine d'une cabine téléphonique, telle une taupe de son trou, et qui s'était enfuie de l'asile, comme je l'appris trop tard. Je m'imaginais qu'elle était grosse, extravagante et menteuse pathologique, une fantasque, jusqu'à ce soir où elle me raconta, dans le lit, qu'elle avait découpé la toile d'une chaise d'enfant parce que sa petite sœur avait chié dessus et que, chez elle, elle avait crevé à coups d'épingle les yeux de tous les personnages des tableaux. Lorsque je me réveillai le lendemain matin, elle était assise sur son séant, à mes côtés, le regard perdu et les bras couleur de feu tout écorchés. Je lui demandai ce qu'elle avait fait et elle répondit : « Oh, j'avais envie d'un bout de peau. » Et elle m'avait gentiment arrosé par-dessus le marché dans le courant de la nuit. Eveline, protestante, pauvrette aux longs cheveux noirs, tout en hauteur, maigre comme un clou, qui avait des seins aussi flasques qu'une blague à tabac et un petit con serré pareil à un anchois. Gigotant, suant, je m'efforçais toute la nuit de lui faire oublier que la scission de l'Église réformée datait de 1886. Et, nom de Dieu, elle me disait quand même, le lendemain, en pinçant les lèvres : « Je n'ai à aucun moment senti la présence de Dieu entre nous. » Une partie triangulaire n'est pas à dédaigner, somme toute. Seulement, je devais me garder de plaisanter à ce moment-là, de dire que je baisais mieux que Dieu, ou de la mettre en colère en lui demandant pourquoi Dieu ne trouvait jamais le premier œuf de vanneau s'il était omniscient. Cela mettait le feu aux poudres. Elle ramolissait ma pine bandant sous l'effet de ma vessie pleine à craquer en m'abreuvant avec volubilité de citations des articles de la foi. Truus, catholique, ventripotente à force de se gaver de poisson le vendredi, dont la bouche débordait de salive comme un bénitier lorsque nous nous bouffions la langue. Alors que je m'apprêtais à la sauter après avoir écouté le long récit de ses misères, il s'avéra qu'elle était indisposée. Pourtant, elle m'avait dit, avant d'aller aux toilettes, avoir la maladie des grandes souffrances, mais est-ce que je savais, moi ? Je pensais qu'elle avait la chiasse. Je m'en rendis compte trop tard, car elle bouchait son trou avec des tampons hygiéniques et ma pine plongea dans la sécheresse. Lorsque je lui demandai de me faire un pompier, elle répliqua : « Nous n'avons pas une bouche à cet usage. » Il aurait été dangereux de lui répondre que je déposerais une sainte hostie sur sa langue. Elle aurait été capable de faire un nœud avec ma queue. Bah, ça valait toujours mieux que de m'entendre traiter de vieux macaque, de tête de veau, de jules ou de quelque chose d'approchant, le répertoire des amabilités qu'elle avait entendu ses parents marmonner pendant leurs vingt-cinq années de vie commune morne et routinière. D'autres, qui semblaient raffoler des Méridionaux, telle la méchante Bertie aux cheveux décolorés qui me disait, un jour où je l'abandonnai un instant pour aller aux chiottes et qu'elle me suivait d'un regard concupiscent : « Tu as exactement l'allure d'un pêcheur italien. » Cette remarque me mit la puce à l'oreille. *Oh, mamma mia !* Quelques jours plus tard, je reçus une lettre de son subrogé tuteur qu'elle était parvenue à convaincre de jouer les entremetteurs : « Eu égard à vos relations avec Bertie, dont je suis le subrogé tuteur, j'aimerais avoir un entretien avec vous. » Sept mois plus tard, je la revis dans la Kalverstraat, poussant une voiture d'enfant occupée par un bambin aux grands yeux bruns et aux cheveux noirs, manifestement fabriqué au crépuscule par un pêcheur italien au bas-ventre barbouillé d'écailles et de sang de thon, quelque part sur une plage entre Gênes et Naples, tandis que le sable grattait les cuisses de la femme et qu'un bruit confus de voix et d'ariettes flottait dans l'espace, comme si la mer était le paradis d'un opéra pendant l'entracte. La métisse indonésienne, figurante dans un ballet africain et très chagrinée parce que les sauteurs, noirs comme jais, la tenaient pour une malfaçon : « Tu n'es rien. Du café au lait. » Elle répondait à tout ce que j'avançais : « Va vite faire caca. Va tout de suite aux toilettes. » Me faisait de gentilles grimaces cocasses en remuant son petit nez et m'appelait Jeannot Lapin, m'embrassait lorsque je réagissais en faisant de vilaines moues puis disait : « Viens, mon petit monstre, je vais te donner une bise. » La pâle Willie qui s'était laissé sabrer par un bamboula et venait à mon atelier en poussant un landau dans lequel on voyait un gentil négrillon allongé sans bouger parmi les emplettes, à l'ombre d'un parasol blanc à fleurs. Et qui calculait avec précision, ticket de caisse à l'appui, combien je lui devais pour le bifteck haché que le chat avait habilement déballé et bouffé entre les jambes gigotantes du bébé à peau noire, tandis que nous faisions l'amour. Annie, qui prétendait détester tous les hommes parce que son père, jadis, la soulevait parfois avant de se raser, lui promettant un biscuit croustillant, et râpait sa joue hérissée de piquants sur la sienne. Et qui riait aux éclats quand elle s'enfuyait, les larmes aux yeux. Elle ne voulait pas baiser et me tendait son derrière osseux, disant qu'un « nom de Dieu » lui faisait l'effet d'une couleur criarde. (Elle avait suivi un cours de peinture.) Étant quand même parvenu à la tringler au milieu de la nuit, à l'issue d'une lutte que, ivres de sommeil, nous avions menée à coups de jambes entremêlées, il n'y eut pas moyen de la faire jouir. J'eus beau être gentil, m'escrimer sur elle, c'était comme si j'essayais de gonfler une chambre à air crevée. La fille au boxer qui se montait la tête au point de ne vouloir se donner que lors de notre nuit de noces. Je ne l'entendais pas de cette oreille, et elle passait tous les jours devant ma maison, l'air langoureux en détournant la tête. Toutefois, lorsque son chien levait la patte contre un arbre, elle risquait un regard furtif vers mes fenêtres. Mais quand il s'accroupissait, s'appuyant sur ses pattes de derrière tremblantes pour expulser à grands efforts une crotte qui semblait prendre racine dans le sol, elle l'entraînait avec brusquerie. Je voyais alors le rouge de la honte colorer sa nuque, comme si je l'avais surprise elle-même en train de chier. Pour mon anniversaire, elle déposa sur le seuil une grande valve d'anodonte dont elle avait garni l'intérieur nacré de mousse, de baies rouges, de fausses perles et d'autres conneries. À côté, il y avait une carte illustrée, une reproduction d'un tableau de Picasso, le portrait d'une jeune fille au visage aussi plat que le sien et aux grands yeux mélancoliques. Elle n'en avait pas de pareils, hélas. Et elle avait écrit au verso : « Bien des gens sont seuls au point de ne plus s'en rendre compte. Bien des gens sont sereins, au point qu'ils ne subissent plus les tourments du désir. » Vint le moment où je cessai ce jeu. J'en avais marre. J'étais pris de nausées à la vue d'une jupe. Au début, je me demandais si j'étais devenu impuissant par la faute d'une fille aux nichons si poilus que j'avais eu l'impression de poser ma tête entre deux noix de coco. Ce n'était pourtant pas cela. En fait, je ne trouvais pas ce que je cherchais. Elle. Olga. Je n'avais découvert que des parcelles de ce que je convoitais passionnément, de ce que je m'acharnais à trouver auprès des femmes originaires des quatre points cardinaux que le hasard avait fait échouer dans mon plumard. L'une avait ses yeux (plus ou moins, j'entends, autrement je m'en serais accommodé), une autre ses cuisses ou sa voix, ou son nombril, ou ses hanches, et la peau de la tantième était parsemée de taches de rousseur comme l'asphalte de Cinquième Avenue de New York l'était de confettis après un défilé, comme la peau de mon trésor roux. Or, même si j'avais peuplé un harem de ces parcelles et de ces morceaux d'Olga, je n'aurais pas réussi à ajuster toutes les pièces de ce puzzle et à reconstituer son image. Et voici ce qui était pis. Je me mis à en parler. D'elle et de ma détresse. De son aspect, de ses cheveux, de ses yeux et, lorsque j'étais en veine de confidences, de son con, de son cul, de ses seins. Comment elle était faite. Qu'elle m'avait questionné un jour, en nettoyant les carreaux : « As-tu déjà remarqué que les appuis de fenêtre ont une odeur spéciale ? » Que je lui avais demandé ce qu'ils sentaient et qu'elle m'avait répondu : « Le verre mouillé. » Que je lui avais proposé, au début de notre cohabitation, d'aller voir avec moi *La Cerisaie*. Et qu'elle avait acquiescé avidement : « Bien sûr, où est-ce ? » Qu'elle avait eu l'air confus lorsque je lui avais expliqué qu'il s'agissait d'une pièce de Tchekhov et qu'elle avait affirmé qu'elle le savait parfaitement, qu'elle avait voulu savoir dans quel théâtre on la jouait. J'étais pourtant certain qu'elle s'était imaginé qu'il s'agissait d'un verger où l'on pouvait se gaver de cerises moyennant un ou deux florins. Que je lui avais apporté un grand sachet de cerises de mai, quelques jours plus tard, qu'elle avait rougi et dit en les savourant : « Ce que je trouve de plus terrible quand on est mort, c'est qu'on ne mange plus jamais des cerises de mai. » Qu'un jour où nous faisions la grasse matinée, nous avions entendu une vieille à la voix stridente crier sous notre fenêtre : « Hou-hou-hou, Fritz » et qu'elle avait dit : « Je n'aimerais pas être ce Fritz. » Je ne me lassais pas de ressasser l'histoire du bourdon : « Ce serait chouette d'être un bourdon. D'être un gros corps vêtu d'un pull rayé et suspendu à deux ailes de gaze. » Chaque fois que je la racontais, j'avais les yeux gonflés (elle avait eu un pull de laine rayé, mais je l'avais brûlé après son départ) et je devais prendre garde de ne pas ciller, car les pleurs auraient inondé mes joues. Mais, le plus souvent, les bras tannés d'une rombière compatissante à moitié fanée enlaçaient mes épaules avant que je n'ouvre mon robinet à larmes. Il faut croire qu'elles sont douées d'un sixième sens leur permettant d'évaluer le degré d'humidité de vos yeux. Et elles plongent sur vous comme un papillon sur un calice débordant de nectar. Ah, si je pouvais écrire maintenant : « Nous voyons le héros de cette histoire à ce stade de sa crise mentale, réduit au désespoir par la solitude et l'introspection, donner fortement de la bande contre la poitrine d'une femme consolatrice. » Que ne puis-je en parler sur ce ton ironique. De moi-même, de ma qualité de héros. Je ne serais plus victime de ce récit et je tiendrais solidement les ficelles. Mais je ne me vois pas en héros, nom de Dieu. Je me vois plongé dans mon abîme de détresse. Y compris les larmes de crocodile et le reste. Je me vois à une fête, dans un coin, me serrant contre une femme plus âgée que moi. Dans une attitude qui ne permet pas de penser : tiens, ces deux-là fricotent un brin. Manifestement un cas de fils prodigue. Elle m'enlace d'un geste consolateur tandis que, derrière nous, la bande déchaînée se bouscule au rythme de *Rock around the clock* et de *Yes tonight Josephine*, piétinant les mégots et les débris de verre, pataugeant dans les boissons renversées. Et force m'est d'avouer, nom de Dieu, que je pleure effectivement. On n'a qu'à regarder mes épaules. Pour voir que je m'efforce de me maîtriser. Que je chiale auprès d'une femme que je ne connais ni d'Adam ni d'Ève. Une horreur par-dessus le marché. Autrement, elle danserait aussi le rock, ou bien exécuterait pieds nus des danses populaires canailles. Elle a de grandes incisives qui s'enfoncent dans sa lèvre inférieure lorsqu'elle parle. C'est ainsi qu'aux fêtes je devins un personnage. Le type silencieux aux joues d'un blanc de marbre, flétries irrémédiablement. Un jeune Werther en mousse de caoutchouc. À certains moments, je saisissais des bribes d'une conversation : « Il était avec cette rousse, oui ? » ou bien : « Ça ne se voit plus de nos jours. On se frotte les mains lorsqu'elles fichent le camp. » Et les cyniques : « Il n'a qu'à s'en foutre. Elles se ressemblent toutes lorsqu'on les baise. Un con est un con, disait le paysan, et il enfilait sa truie. » Par contre, ces femmes maternelles, dispensatrices de soulagements, éclairaient ma lanterne. Certaines d'entre elles avaient une fille de l'âge d'Olga. Une vieille mégère autoritaire me dit, un jour que je parlais de mon ex-belle-mère – celle qui n'avait qu'une mamelle – et me demandais comment il était possible qu'une mère plongeât sa fille de propos délibéré dans la désolation : « Chaque mère est une belle-mère pour ses filles. » Du coup, je me rappelai qu'Olga m'avait confié, au début de notre liaison, que l'entrée en matière de *Blanche-Neige* l'avait fâcheusement impressionnée dans son enfance. Que sa mère n'avait jamais voulu lui lire ce conte de fées, le trouvant trop horrible, mais que son père y avait consenti. La reine qui regardait tomber la neige à travers les carreaux encadrés d'un châssis d'ébène noir. Qui se piquait le doigt avec une épingle et disait à la vue du sang : « Que n'ai-je une enfant aussi blanche que la neige, aussi rouge que le sang et aussi noire que ce bois d'ébène. » Noir, blanc et rouge. Ces couleurs symbolisant l'horreur du conte l'avaient obsédées. Et j'avais soudain compris pourquoi la mère avait refusé, sans se rendre compte du motif de son refus, de le lui lire : parce qu'il lui aurait présenté le miroir reflétant non seulement l'image de celle qui était la plus belle du pays, mais aussi celle de la pomme empoisonnée qu'elle avait déjà préparée pour sa belle-fille. Et je vois cette ignoble femelle abhorrée déguisée en petite vieille – tout à ma haine, j'ai failli écrire qu'elle n'avait pas besoin de se déguiser pour faire cette besogne. Je la vois sortir la pomme de sa blouse. Et je m'aperçois qu'elle en a retiré son nichon venimeux, pourri par le cancer, et qu'elle l'a mis de force entre les lèvres de ma bien-aimée. Et je comprends qu'il est trop tard, irrémédiablement, et depuis toujours. Je sais que le morceau de pomme empoisonnée ne s'échappera pas de sa bouche, qu'elle ne se dressera pas sur son séant et ne demandera pas : « Où suis-je ? » Et que je ne serai jamais le prince qui répondra : « Tu es chez moi. C'est toi que j'aime le plus au monde. »

Requiem pour un moineau

L'atelier dans lequel j'étais installé à cette époque avait été occupé pendant la guerre par un résistant que les Allemands avaient fusillé. La paix revenue, on avait apposé sur la façade une plaque commémorative en bronze portant l'inscription : MORT POUR LA PATRIE. Chaque année, on venait accrocher une gerbe au-dessous de cette plaque, à un clou rouillé qui le reste du temps semblait vous inviter à vous pendre. Une touffe de sphaigne des marais piquée d'œillets rouges et blancs et d'iris bleus. Je ne saurais dire pourquoi je détestais ces fleurs. Je ne manquais jamais de les enlever avant qu'elles ne fussent fanées et de les flanquer à la poubelle. Lorsqu'il y avait du vent, le ruban avec l'inscription ARTISTES RÉSISTANTS 1942-1945 s'agitait follement devant ma fenêtre. Cela m'effrayait depuis qu'Olga avait foutu le camp avec ce couillon. Chaque fois que j'entrais à la cuisine sans penser à ce ruban de soie, je l'apercevais du coin de l'œil, voltigeant dans la lumière du soleil. Affolé et ravi à la fois, je m'imaginais qu'elle était revenue, car ce ruban me faisait penser aux robes abondamment ornées de nœuds et de volants qu'elle portait depuis son départ. Qu'elle se trouvait devant la porte et n'osait sonner. Peu de temps après qu'elle se fut installée à demeure chez moi – après avoir eu bien des ennuis chez elle, car son père aurait aimé la garder auprès de lui, tandis que sa mère, ravie au fond parce qu'elle avait vidé les lieux, mais refusant de s'incliner dans sa rage froide, s'était amenée en voiture et avait sonné pendant une demi-heure en trépignant de fureur impuissante –, les enfants du voisinage avaient trouvé, le 4 mai, un moineau mort et l'avaient enterré dans le parterre de fleurs, juste sous notre fenêtre. Étendu sur le dos et la tête émergeant du sable pour qu'il n'en ait pas dans les yeux. Un peu plus tard arriva une femme qui, devançant la cérémonie officielle, déposa une botte de narcisses sur le sable. Au pied du petit tertre. Je ris de bon cœur, mais Olga fut assez bête pour sortir et aller se pencher sur la tête, car elle craignait que le moineau ne fût encore vivant. Avec le pressentiment que ça pourrait tourner mal, je la rappelai. En effet, elle se mit à parler de ses proches défunts. De sa tante Sophie, foudroyée par une crise cardiaque chez eux, dans l'escalier d'où elle avait dégringolé sur le ventre comme un sac de sable. D'une autre tante, que le cancer avait rongée peu à peu. Au point que la serviette était pleine de minces rouleaux de chair pourrie lorsqu'on faisait sa toilette. De son grand-père, mort sous leur toit quand elle avait douze ans. Il n'y avait pas eu moyen de lui fermer les yeux. Il s'obstinait à reluquer par une fente. Il appréhendait probablement que HERMÈS S.A. ne se précipitât vers la ruine sous la direction de son gros fils bonasse. Et elle se mit à pleurer parce que les yeux ternes de l'oiseau étaient, eux aussi, restés entrouverts. Elle avait été la chouchoute de son grand-père, qui la comblait de cadeaux. Elle continua de pleurer hystériquement jusqu'à ce que je lui eusse ordonné d'arrêter la musique. Mais elle n'y parvenait pas. Elle leva son visage vers moi et répondit que je n'avais qu'à lui flanquer une dégelée. Alors, ça lui passerait. Elle m'expliqua que cette crise venait d'anciens souvenirs. Que je ne pouvais comprendre. Je la gratifiai aussitôt de quelques claques sur ses joues humides. Comme elle ne cessait toujours pas de larmoyer, je la poussai sur le lit, retroussai sa robe, baissai sa culotte et lui administrai du plat de la main des taloches retentissantes sur les fesses. Jusqu'à ce que sa peau fût rouge et boursouflée et que sa croupe eût pris un aspect appétissant. On aurait dit qu'elle s'était assise le cul nu dans les orties. Puis je la baisai, mes mains glissées sous sa croupe en feu. Ses cheveux collés à son visage mouillé contre ma joue. Je sentais son souffle entrecoupé de sanglots dans mon oreille. Elle entra en pâmoison en poussant des hurlements de bête si bruyants que je les imaginais couvrant la solennelle voix commémorative dans la rue. Nous nous levâmes, fente et pine barbouillées de sperme, et nous nous approchâmes de la fenêtre pour jeter un coup d'œil sur les petits groupes attardés sur place pour tailler une bavette, et elle me confia qu'elle n'avait cessé de penser pendant que nous faisions l'amour à la paire de patins à tiges de cuir brun que son grand-père lui avait offerts pour son anniversaire, la veille de sa mort, et qu'elle n'avait pu résister à l'envie d'aller patiner le jour de son enterrement. Aussi avait-elle eu l'impression, tantôt, de s'élancer en décrivant des arabesques gracieuses dans l'air froid comme au jour des funérailles du vieillard. Que ce souvenir lui avait fait oublier cette voix sépulcrale dans la rue. Et elle ajouta que je devais enfouir ce moineau dans la terre, sinon elle ne cesserait d'y penser. Toutefois, le chat ne me laissa pas le temps de donner suite à ce souhait ; il avait déjà traîné le cadavre de l'oiseau sous le porche. Je le retrouvai dans la cuisine, le ramassai avec un bout de journal, l'y enveloppai et m'en débarrassai dans la poubelle. Je n'en soufflai mot à Olga et elle ne me demanda pas où il avait disparu. Le surlendemain, je la priai d'enlever les fleurs de la façade et de les jeter dans la boîte à ordures, et il y a lieu de croire qu'elle y fourra ce souvenir en même temps. Il s'était effacé de sa mémoire, même celui des patins devenus trop petits qu'elle avait accrochés au mur, dans sa chambre, parmi les vieilles photos de Sonja Henie découpées dans les journaux et dont elle n'avait jamais voulu se défaire. Lorsqu'elle s'était installée définitivement chez moi, sa mère avait appelé l'Armée du Salut qui les avait enlevés, ainsi que presque tous ses jouets et ses livres de petite fille. Ses poupées, elle les avait liquidées elle-même autrefois. Au temps où il était encore de son âge de s'amuser avec des poupées. En pleurant d'horreur, car elle s'en séparait à contre-cœur. Mais il le fallait. Elle ne voulait plus les avoir sous les yeux. Un jour, on lui avait fait cadeau d'une très grande poupée. À peu près de la taille d'un bébé. Elle pouvait crier « Maman ! », ouvrir et fermer ses yeux aux longs cils. Elle la déshabillait chaque jour et lui donnait son bain. Le matin, avant d'aller à l'école, elle mettait de petits morceaux de pain dans la bouche ouverte. Au bout d'un certain temps, elle s'imagina que la poupée était malade, car elle avait beau la renverser, elle ne disait plus Maman. Un matin, elle s'était penchée sur le berceau et avait constaté que le visage grouillait de vers qui, museau tâtonnant au vent, sortaient de la bouche. Ses cris étaient restés bloqués dans sa gorge. Elle avait mis le bout de ses doigts dans sa bouche grande ouverte et les avait mordus. Et elle était restée figée jusqu'à ce que sa mère fût venue la prévenir qu'elle arriverait en retard à l'école. Elle avait arraché sa fille du berceau, malgré les larmes de l'enfant. Quand elle rentra, son père avait versé de l'eau de Javel dans la poupée. La bouche était décolorée et des striures déteintes zébraient les joues. Il avait essayé d'en extraire la bouillie nauséabonde à l'aide d'une épingle à cheveux recourbée mais on entendait un bruit mou en secouant la poupée et il n'avait pas tardé à en avoir assez. L'enfant n'en voulait plus. De ses autres poupées non plus. Elle refusa de les donner à ses amies. Toutes devaient disparaître dans la terre. Sa mère les aurait jetées sans plus à la poubelle, mais son gros père avait gentiment retroussé ses manches, creusé un trou dans le jardin et avait recouvert les poupées de terre. Olga me confia cette histoire beaucoup plus tard, et je me demandai si elle y avait fait allusion quand elle m'avait dit : « Je le tiens d'un ancien souvenir. Tu ne pourrais comprendre. » C'est qu'elle avait ses secrets et ne les livrait qu'au compte-gouttes. Nous vivions ensemble depuis deux ans avant que je n'apprenne que ses incisives étaient fausses. Elle avait une dentition magnifique. D'une blancheur éclatante et solide comme celle d'un animal. Elle y consacrait des soins méticuleux. Dès qu'elle avait fini de manger, elle se curait les dents avec une plume d'oie taillée en pointe. Ensuite, elle les brossait longuement, la bouche pleine de mousse. Un jour qu'elle fouillait entre ses dents avec la plume d'oie, devant la glace, elle poussa soudain un cri. Les traits crispés et la bouche ouverte, elle courut chercher son miroir de poche dans son sac et, postée devant la grande glace, elle le glissa dans sa bouche. Les yeux écarquillés d'effroi, elle examinait l'arrière de ses dents. Je lui demandai ce qui n'allait pas et elle tendit le bras, dans un geste horrifié, vers le cure-dent tombé par terre. Je le ramassai et constatai qu'il y avait un ver dessus. Je lui expliquai qu'il y avait des restes de nourriture dans la tige de la plume d'oie et qu'une mouche y avait déposé ses œufs. Je ne parvins pas à la tranquilliser. Elle n'en démordit pas : elle avait retiré ce ver d'entre ses dents. Et de me parler de ses incisives sur pivot. Qu'elle était obsédée par l'idée qu'elles les perdrait inopinément un jour ou l'autre. Lorsque les racines dévitalisées auraient pourri sans qu'elle s'en aperçoive. Qu'elle était tombée de la grille d'un square quand elle avait treize ans. Tombée sur la bouche. Elle s'était cassé les incisives et elle était encore trop jeune pour les dents sur pivot. Un garçon de sa classe ayant prétendu que sa bouche ressemblait à une prise de courant et ses cheveux roux étant moins foncés qu'à présent, on l'avait baptisée « la Veilleuse ». Cela me fit rire et je la serrai tendrement dans mes bras. Mais elle me repoussa et, l'air grave, se dirigea vers le téléphone et pria le dentiste de lui fixer un rendez-vous.

L’appareil à surprises

Chaque fois que je vois passer des canards sauvages dans le ciel, je me souviens qu’elle les comparait à des bouteilles de chianti volantes. Elle refusait d’éplucher des cacahuètes, alléguant qu’elles lui faisaient penser aux orteils des petits vieux. Un jour où nous étions allés à Ijmuiden et que je lui demandai si elle y était déjà venue, elle répondit : « Oui, une fois. J’avais emporté une bouteille d’eau de réglisse. » Nous nous promenâmes bras dessus, bras dessous sur la jetée et vîmes le *Titan* remorquer un gigantesque paquebot dans le port. Elle s’attarda un bon moment auprès d’un pêcheur pour regarder le filet dans lequel une anguille ensanglantée se tortillait, mais moi, je poursuivis mon chemin ; ce spectacle me faisait mal au sexe. Nous restâmes assis au soleil à une terrasse, suivant des yeux les mouches qui faisaient l’amour. Nous ne parvînmes pas à bien distinguer comment elles s’y prenaient. Elle disait que si on les observait attentivement lorsqu’elles faisaient leur toilette, on n’aurait jamais plus le cœur d’en écraser une. Lorsque nous suivîmes le chemin vers la mer, bordé d’échoppes de bois, de buvettes et de baraques à boustifaille – on aurait dit une rue de village, décor d’un western après les prises de vues – où flottait une odeur de frites, de fruits et de poisson, les garçons la sifflaient, disant « Vise-moi ce beau morceau » ou chuchotaient en riant des obscénités à son sujet. Je lui donnai une pièce de monnaie à glisser dans la fente d'un appareil à surprises. Il en tomba une boule d'un blanc sale, une espèce d'œuf de reptile. Elle contenait une petite salamandre couleur chair au corps gélatineux, à la tête dodelinante, aux yeux noirs et mélancoliques. Elle la trouvait horrible, j'opinai, ajoutant que ce serait une bonne blague que de l'accrocher en douce à l'hameçon d'un pêcheur. Mais elle s'en débarrassa tout de suite, son talon fora un trou dans le sable et elle l'y laissa tomber. Puis elle le combla et y appuya son pied. Et ce jour passé à Amsterdamse Bos, parmi les troncs de pin d'où s'écoulait de la résine laiteuse qui semblait dans l'ombre aussi bleue que les fleurettes dans lesquelles nous étions allongés. Un cavalier chevauchant un alezan passa, nous adressa un sourire et me proposa : « Voulez-vous troquer votre alezan contre le mien ? » Et Olga de me raconter qu'elle et une amie s'étaient risquées autrefois dans la zone interdite des dunes, près d'Egmond-sur-Mer, et qu'un agent de la brigade montée les avait interpellées. Il avait sorti son carnet pour noter leurs noms, mais le gigantesque engin blafard de son canasson s'était mis soudain à faire fonction d'arrosoir. Le flic s'était empressé de remettre son carnet en poche et de leur intimer l'ordre de foutre le camp en quatrième vitesse, probablement parce qu'il avait eu l'impression que c'était lui qui, queue ballant au vent, pissait devant ces jeunes filles. Le premier mois de notre vie commune, nous avons parcouru la Hollande d'un bout à l'autre. De l'île d'Ameland au Limbourg – évitant le mont Saint-Pierre et les touristes bâfrant de la viande de baleine –, du phare de Westkapelle à Denekamp. D'ailleurs, mes études tiraient à leur fin et je n'avais plus envie d'aller à l'académie. L'art ne faisait pas concurrence à Olga. Je me remettrais au travail un jour ou l'autre, mais il me fallait avant tout assouvir mon fol amour. Lorsque ses parents rentrèrent de vacances, ils trouvèrent une lettre d'Olga qui ne mâchait pas ses mots. Elle ne tranchait pas le cordon ombilical invisible qui la liait à ses vieux, elle le faisait exploser. Le placenta, et le reste de surcroît. (Pour dire la vérité, je précise que je la lui avais dictée.) D'ailleurs, les éclats ne tarderaient pas à nous en retomber sur la tête sous forme d'infâmes intrigues et de machinations hypocrites. Son père s'en foutait. Il lui permit même de prendre l'auto pour notre lune de miel anticipée. Depuis qu'ils habitaient, par souci d'économie, l'étage au-dessus du magasin, il ne s'en servait plus guère. Seulement pour tenir son rang. Ne valait-il pas mieux, pour cela, laisser sa belle fille rousse se promener dans la voiture aux portières ornées de beaux caractères dorés : HERMÈS S.A. – COMMERCE EN GROS D'ARTICLES DE MÉNAGE ? Quelque temps après l'accident, comme elle n'osait plus tenir le volant, il l'avait installée de force dans la Fiat neuve, disant qu'autrement elle ne se risquerait plus jamais à conduire. Quant à sa femme, elle ne conduisait pas. À la première leçon qu'il lui avait donnée, elle s'était lancée comme une écervelée à travers la haie d'un jardin. Il y avait eu des dégâts, la carrosserie était abîmée et il avait dû payer les trois verres d'orangeade et les deux verres de grenadine qui se trouvaient sur la table de jardin contre laquelle le pare-chocs avait buté avant que l'auto ne s'immobilisât. Un jour, nous échouâmes à Coevorden – elle tenait à y passer parce qu'elle avait retenu ce nom prononcé au cours de géographie. Rien de spécial. Une rue de village et quelques maisons par-ci par-là. Le nom de ce trou ne valait vraiment pas la peine de figurer sur la longue liste des noms de localités à débiter d'une haleine. Au-delà du village, nous retrouvâmes la région tourbeuse, pelée et brunâtre, qui s'étend le long de la frontière allemande. Où il n'y avait pas moyen de faire l'amour tranquillement, car nous risquions à tout moment de nous embourber, suant et soufflant dans une mare de fange noirâtre. Ni en Flevoland oriental où des tornades grises de moustiques nous agaçaient et où je courais le danger qu'un busard, rasant la jonchère en vol plané, prît mon sexe pour une couleuvre, ou qu'une barge essayât de me crever les yeux à coups de bec si mon offrande, quittant l'église avant le cantique final, échouait dans son nid et s'écoulait entre les œufs couleur du milieu ambiant. Non, faire l'amour en plein air était réservé aux oiseaux. On aurait dit que tous les animaux des champs se liguaient pour nous empêcher de nous multiplier. À peine avais-je baissé mon pantalon jusqu'aux genoux et commencé à aller et venir au rythme de ses râles qu'une larve ou une quelconque phrygane essayait de pénétrer dans mon trou de balle, ou bien Olga se levait d'un bond, juste avant mon dernier coup de reins, parce qu'un hydrophile aux élytres bordées de jaune tentait de se glisser en elle. Ou encore, une sauterelle se posait sur la pointe de son nez et elle rompait la cadence à force de souffler pour la chasser. Non, rien ne valait mieux que de faire l'amour gentiment chez nous, dans le lit ou sur le matelas traîné devant le grand miroir lorsque nous avions envie de voir. Mes couilles rebondissant à chaque coup sur ses cuisses, les veinules violettes parmi les taches de son beau dos bien en chair. Ou bien, elle regardait mon corps velu se démener sur sa chair lisse. Son regard trouble et ses lèvres chaudes et frémissantes traduisaient en paroles ce que j'avais sur la langue mais qu'elle ne prononcerait jamais : « Dépêche-toi donc de pisser ton jus, espèce de singe. Vas-y, jouis. » Nous avons mangé des anguilles fumées dans un polder infini, au milieu des champs de colza jaunes, au bord d'une route asphaltée qui luisait comme de l'eau sous la chaleur et se déroulait d'un hallucinant horizon vert à l'autre. Nous avions acheté ces anguilles à Kampen, à bord du bateau d'un pêcheur de stricte observance calviniste. Elle ne parvenait pas à enlever la peau, je devais glisser la chair tendre dans sa bouche, un morceau après l'autre, comme si je nourrissais un oisillon. Nous ne rencontrâmes pas âme qui vive sur cette route de bitume, collante et puante, que nous suivions à toute allure, même pas lorsque nous dépassâmes un panneau portant l'invitation BIENVENUE À LELYSTAD ET À L'ÉGLISE. On aurait dit que tous les habitants de ces maisonnettes neuves et de ces baraquements avaient été exterminés par des produits insecticides. Il y régnait une paix aride, poussiéreuse, et je n'ai même pas aperçu la fameuse enveloppe brun foncé d'une bouchée au chocolat qui, roulée en boule, ressemble à s'y méprendre à une bestiole. *Not a breath of wild air*. Quand nous retournâmes par le Knardijk à Harderwijk sous un coucher de soleil orange, elle se blottit contre moi, rôtie par le soleil, le visage rosé, serrant contre son corps une botte de camomilles et de coquelicots que la chaleur faisait fondre. Dès que nous fûmes rentrés, nous prîmes ensemble une douche et je lavai sa toison pour en enlever les graines d'herbe. Nous déambulâmes à poil dans l'atelier et je finis par m'agenouiller près d'elle pour embrasser ses fesses et lécher son cul qui sentait le savon. J'y introduisis la tige d'un coquelicot et elle se mit à courir autour de la pièce en roulant sa croupe parce que ça chatouillait. Il n'empêche qu'elle appréciait le spectacle, car elle n'enlevait pas la fleur et jetait un coup d'œil dans le miroir chaque fois qu'elle passait devant. M'armant d'une règle, je lui emboîtai le pas. Jusqu'à ce qu'elle s'avouât vaincue et s'allongeât sur le lit, les fesses en l'air, et je transformai la fleur en bouillie rouge à coups de règle avant de m'allonger sur elle, et je m'endormis ainsi, mon doigt dans sa fente, car c'était de nouveau dangereux. Le froid me réveilla au milieu de la nuit, la queue dans son cul. Elle s'était embrochée elle-même et se pâmait comme une possédée ; son doigt avait rejoint le mien et elle se branlait voluptueusement. Telle était notre vie au début. Du moins, lorsqu'il faisait chaud et que nous avions des coquelicots à notre disposition. Cependant, il y eut à cette époque un accrochage dont j'ai honte. À un moment donné, mon gland s'enflamma. Je rageais, m'imaginant qu'elle m'avait fait cadeau d'une charmante chaude-pisse. Elle me jura en pleurant qu'elle n'avait plus couché avec un homme depuis longtemps avant notre première rencontre. Seulement, je ne la crus pas et l'entraînai chez un dermatologue qui m'expliqua que mon gland s'était irrité à la suite de mes exercices sexuels trop fréquents. Elle râlait ferme à notre retour. Elle avait marché d'un pas furieux à mes côtés, et moi je ne savais que dire. Aussi m'empressai-je de mettre un disque qu'elle aimait beaucoup. Le Phil Woods Jazz Quintet avec Jon Earley. *Pot Pie* et *Mad About The Boy*. Il faut croire qu'il ne l'amadoua pas, car elle écarta brusquement le bras du tourne-disque saisit le vinyle et le balança par la fenêtre ouverte. Ce geste apaisa sa colère, elle éclata d'un rire bruyant. Nous nous mariâmes un peu plus tard. À l'œil. Seul le livret de mariage nous coûta un demi-florin. Nous nous rendîmes à l'hôtel de ville de la même manière que nous avions gagné mon atelier lorsque je l'y avais emmenée la première fois. À bicyclette. Elle, installée sur le porte-bagages où j'avais disposé un bout de tissu moelleux. Tout compte fait, point n'était besoin que les cahots lui valussent des stries sur les fesses en ce plus beau jour de sa vie. Elle portait une robe violette et était coiffée d'un chapeau cloche en paille qu'elle avait confectionné elle-même en coupant le large bord d'un sombrero mexicain. Je lui avais acheté cette robe violette avec l'avance que j'avais touchée pour ma première commande. Le premier argent gagné moi-même. Il est vrai que je devais encore faire une statue symbolisant le bonheur maternel, destinée à l'un ou l'autre square, mais à chaque jour suffit sa peine. À l'hôtel de ville, on nous passa par six dans le moulin officiel ; la plupart des futures épouses avaient le ventre ballonné à l'extrême. On avait même dû ajourner un mariage parce que la femme avait ressenti les premières douleurs dans la salle d'attente. En tout état de cause, le fonctionnaire de l'état civil se donna la peine de nous servir une allocution de circonstance. Il parlait de l'amour épanoui des jeunes et se léchait les babines en reluquant mon trésor rayonnant de bonheur, son corps désirable serré dans la robe peau de pêche comme une anguille dans sa peau. (J'appris plus tard, après qu'elle m'eut quitté et eut commis, l'un après l'autre, une série de mariages sans lendemain, que les fonctionnaires de service toussotaient en récitant les noms de ses anciens maris, et que l'un d'eux avait même marmonné, après avoir lu la liste : « Tiens, tiens. ») Nous nous étions proposé de passer cette journée dans les bras l'un de l'autre, au lit, une bouteille de champagne à portée de la main, et d'aller dîner en ville à la tombée du soir. Mais, nom de Dieu, les coups de téléphone de ses amies et des amis de ses parents nous arrachaient du plumard à tout bout de champ. Il s'avéra que la mère avait quand même fait imprimer des cartes et les avait généreusement diffusées dans la pointe septentrionale de la province de Noord-Holland. Du papier satiné avec des roses en relief et nos noms en lettres dorées. Je me proposai de faire comprendre une fois pour toutes à cette belle-mère de fraîche date qu'elle n'avait pas à s'occuper de nos affaires. Dans quelques jours, quand nous irions fêter notre mariage chez elle. Le père vint nous chercher et je dus m'installer à ses côtés, à la place qui revenait à Olga. La place du mort. Parce que, m'expliqua-t-il candidement, en lançant sa bagnole à cent quarante à l'heure sur la chaussée, parce que son médecin lui avait conseillé de ne plus prendre le volant. Et de me raconter sa première bonne histoire. Pas celle des deux types qui se proposaient d'aller à Paris. Celle de deux autres qui avaient fait la connaissance d'une belle fille et l'avaient invitée à dîner. Le premier était convenu avec le second qu'il la lui abandonnerait s'il osait raconter trois grivoiseries poivrées pendant le repas. Alors, lorsqu'on avait servi le potage, il disait à la jeune femme en touillant sa crème : « Puis-je vous offrir mes boulettes ? » et, au gibier : « Une aile de faisan, c'est bon, mais je préfère une cuisse de poulette. » Je savais qu'il dirait au dessert : « Mademoiselle, je parie que vous adorez les bananes », mais je le laissai tranquillement terminer son récit et en ris de bon cœur. Et j'en débitai aussi une qu'un homme récemment marié aurait peut-être mieux fait de ne pas servir à son beau-père, mais je trouvais cet homme si gentil, si charmant, que j'y allai comme si nous étions deux vieux copains. Je lui racontai celle du batelier, de sa fille et de son aide qui ne disposent que d'une couchette dans laquelle ils dorment côte à côte. Le batelier au milieu. Lorsque celui-ci ronfle bruyamment, l'aide se dresse sur son séant, pousse la fille du coude et lui demande : « Est-ce que nous y allons ? » Elle répond qu'il doit d'abord arracher un poil de la bourse de son père. Sans doute trouve-t-il la corvée plutôt bizarre, mais il n'est pas mauvais bougre et un plaisir en vaut un autre. Cela se produit quelques nuits d'affilée et, un beau matin, la fille et l'aide se trouvent sur le gaillard d'avant et la fille se met à chanter : « Cela s'est bien passé cette nuit, ohé ? » Et l'aide de répondre : « La nuit prochaine mieux je ferai, ohé ? » Et, soudain, la basse profonde du batelier leur parvient de la roue du gouvernail : « Et si ça continue… ohé ! ohé !… ma bourse sera complètement pelée, ohé ! ohé ! ohé ! » Mon beau-père fut pris d'un fou rire et, suivant l'exemple récent de sa fille, s'engagea sur la voie de gauche. La catastrophe fut évitée de justesse grâce aux signaux lumineux de la voiture venant en sens inverse et à ses brusques coups de frein. Dominant les coups de klaxon indignés qui s'éloignaient, il dit sans broncher : « Pour ce qui est de la circulation, elle est admirablement réglementée, mais s'il y a un accroc, on entend le bruit d'un choc. » Eh oui, nous l'avions échappé belle. Nous arrivâmes bientôt dans le jardin, envahi par des notables et des hommes d'affaires. Sa mère aurait préféré donner une réception avec buffet froid dans quelque restaurant, mais le père avait éliminé tous les établissements qu'elle proposait en affirmant : « Je sais d'ores et déjà le goût de la boustifaille qu'on y servira le 17 avril 1992. » Par snobisme, elle porta alors son choix sur une nouveauté importée d'Amérique. Elle voulait donner et elle donnerait un barbecue. Avec un assortiment de sauces couleur de vomissures. Les invités se promenaient dans le jardin, les larmes aux yeux à cause de la fumée et de la puanteur – ne sachant comment allumer le charbon de bois, elle l'avait arrosé d'une large rasade de pétrole –, et tenant dans la main un morceau de viande qui ressemblait d'un côté à une semelle de caoutchouc à moitié brûlée, tandis que de l'autre côté le sang se mêlait à l'encre violette du cachet de contrôle. Le père, installé dans son fauteuil, s'abstenant cette fois de pêcher dans son nez de quoi faire des bulles, suivait le spectacle du haut du perron de son regard bonasse et malicieux. Or, ces morceaux de viande coriace qui changeaient la bouche des invités en gueules de ramoneur, lancés d'un geste furtif, disparaissaient l'un après l'autre dans les pétunias et la lavande des bordures, où un chien d'arrêt allemand amené par un invité les expédiait en grognant. Lorsqu'on porta des toasts pour la énième fois et qu'une grand-tante de Haarlem, noyée dans une ample robe enfermée pendant quarante ans dans l'armoire aux mites et puant le camphre à une lieue à la ronde, ne put résister au besoin de servir un speech sur notre bonheur futur, d'une voix de crécelle qui se glissait de gauche à droite à la poursuite de son râtelier branlant, ce salaud de clébard repu se faufila entre les jambes des auditeurs qui, l'air ennuyé, écoutaient par politesse ; il aplatit sa tête sur le gazon et se mit à dégueuler en hoquetant. Et voilà que s'étalaient dans l'herbe à la vue de tous, parfaitement reconnaissables, sept ou huit de ces semelles de botte calcinées dans un magma grisâtre. Le père sauva la situation ; il quitta son fauteuil, défit la serviette que sa femme avait nouée d'autorité autour de son cou après lui avoir fourré un de ces machins dans la main, et alla l'étendre maladroitement sur les vomissures. On l'applaudit sans conviction et, l'air embarrassé, il retourna à son fauteuil. Par bonheur, ma crainte qu'un retardataire, croyant que l'un ou l'autre avait perdu sa serviette, ne la ramassât ne se réalisa pas. Et la réception, qui n'avait pas tourné en fête franche et cordiale, fut clôturée par le spectacle de la grand-tante de Haarlem se sauvant dans les buissons, une guêpe aux trousses, et celui d'un mastodonte d'oncle, chaussant du 48, qui écrasa sous sa semelle le verre de sherry qu'un invité venait de déposer sur le gazon. Lorsque tous eurent pris congé et que le barbecue solitaire continua de répandre sa fumée, Olga vint me chercher dans le jardin. Elle me dit que son père désirait nous parler argent, certainement poussé par sa mère. Ah ! ce vieux chameau. J'aurais pris plaisir à asseoir son gros cul, revêtu de sa robe plissée grise, sur le barbecue. Olga prit ma main dans la sienne et nous attendîmes calmement ce qui allait se passer. Au bout de quelque temps, la porte de la salle de séjour s'ouvrit brusquement et la mère poussa son mari devant elle. « Vas-y », lui ordonna-t-elle en le pilotant vers son crapaud. Il s'y installa de toute sa largeur, jeta un regard vers le plafond, puis au-dehors, en tambourinant sur les bras du fauteuil. *La Marche de Radetzky*, pensai-je. Le regard de plus en plus impérieux de la mère chercha celui du père. Elle toussota comme une grande dame, puis articula d'un ton irrité et impatient : « Eh bien ! papa ? » Mais il persistait dans son silence et, le visage de plus en plus rouge, tournait la tête de tous côtés, sauf vers nous et vers elle. Elle trépigna, lui jeta un dernier regard courroucé et ses paroles jaillirent tout à coup. Qu'ils avaient dépensé un tas d'argent pour nous offrir une journée inoubliable. Que nous les avions contraints de consentir à ce mariage, en les menaçant du juge, mais que nous ne devions pas nous flatter de l'espoir qu'ils nous donneraient jamais un sou. Et qu'Olga ne devait pas s'imaginer qu'ils l'accueilleraient si elle rappliquait dans quelques mois, l'oreille basse. Qu'elle l'avait clairement prévenue que la vie d'artiste n'était qu'une suite de misères, surtout pour une femme née dans la bourgeoisie aisée. Et d'autres lieux communs hystériques et absurdes. Enfin, elle ferma le robinet pour respirer à fond avant de cracher son venin plus vigoureusement encore, mais le père dit soudain, tel un gros gamin bébête qui n'avait pas tout compris mais pensait que tout avait été réglé pour le mieux : « Eh bien ! c'est entendu. » Elle sursauta comme si elle s'était réellement assise sur le barbecue, mais elle eut l'occasion d'assouvir sa rage sur un nuage de cendres tombé entre ses pieds.

Elle courut à la cuisine et en revint avec un balai mécanique qu'elle passa avec hargne sur le tapis, sans égard pour mes chaussures. Se frottant les mains, le père se dirigea vers le buffet et se versa flegmatiquement un verre de *beerenburger*, espèce de genièvre aromatique dont il raffolait. Ensuite il regagna son fauteuil, le verre rempli à ras bord dans la main, sans renverser une seule goutte, et, après avoir lapé une gorgée, parla avec un soupçon de raillerie presque imperceptible dans la voix, ce qui me porta à croire que sa naïveté de tantôt était feinte. Jetant un coup d'œil malicieux dans le jardin où la serviette traînait encore sur le gazon, il dit : « Tout compte fait, nous venons de passer une journée exquise. »

Nains marxistes

Sa mère lui avait offert une voiture d'enfant en guise de cadeau de mariage. Une voiture, modèle anglais, haut sur roues, qui, protégée par une housse, avait traîné plusieurs années dans leur grenier. Elle l'avait achetée pour son usage personnel, à l'époque où elle s'était imaginé être enceinte à midi moins une, juste avant la fermeture définitive de la boutique. J'ignore s'il s'agissait d'une grossesse imaginaire ou si elle avait accouché d'un lapin mort – en ce temps-là, elle s'était entichée d'un prestidigitateur ambulant aux cheveux blancs. En tout cas, la voiture n'avait jamais rendu de services. Olga la relégua dans un débarras dès que le commissionnaire l'eut apportée, sans que sa mère lui eût demandé préalablement si elle en voulait. Nous y fourrions notre fourbi, nous l'entassions dessus, tant et si bien qu'elle finit par disparaître de notre vue. Olga avait déclaré d'un ton irrité, en remisant la voiture, que sa mère espérait certainement qu'elle aussi ne tarderait pas à ne plus avoir de seins et à avoir un gros ventre flasque. J'avais beau gaspiller ma salive pour lui assurer que sa frousse d'avoir un enfant découlait du fait que sa stupide et méchante connasse de mère lui avait affirmé, le jour où elle avait vu, dans son enfance, l'endroit où l'on avait enlevé ce nichon rongé par le cancer, que c'était elle, bébé, qui l'avait mangé peu à peu. Ou bien parce qu'elle avait toujours cocufié son mari et ne s'était pas souciée de celui-ci et de sa fille. Je donnais des coups d'épée dans l'eau. Il n'y avait pas moyen de combattre sa peur par des raisonnements. Elle me parlait alors de ses amies qui avaient été des beautés mais qui se traînaient derrière un landau telles de grosses dondons vieilles et épuisées. Ou bien de celles qui avaient eu les seins enflammés en allaitant leur mioche et payé ainsi de leurs nichons tailladés, labourés de cicatrices, la rançon de la maternité. Sans perdre un instant, elle m'avait obligé à l'accompagner au bureau de consultations du Foyer heureux pour acheter des préservatifs et un diaphragme. Outre cet engin, elle usait de tant de crème contraceptive que j'avais l'impression d'enfoncer mon sexe dans un pot de superglue. Il ne m'était permis de la baiser normalement que quelques jours par mois. Sans me retenir. (En fait, il n'est pas très exact de dire qu'il m'était « permis ». Elle se contractait de peur en songeant qu'il y avait quand même des risques à ce moment. Et ça n'allait plus. Pas moyen d'écarter ses cuisses.) Trois jours avant et trois jours après ses règles. Pendant son indisposition, elle trouvait cela moins bon. C'étaient des noces de sang, disait-elle, et elle avait pitié de moi lorsque je lavais les poils de mon sexe et mes couilles, m'évertuant à en enlever les caillots. Les autres jours, elle usait de son diaphragme pour barrer la route aux têtards de la génération future. Il n'était pas question de faire l'amour en période de fécondité, qu'elle déterminait à une heure près à l'aide du thermomètre. Même si je revêtais ma verge de dix imperméables, de tous les sacs de plastique et de tous les bérets alpins qui traînaient dans la maison. Cependant, je conviens qu'elle me proposait alors un digne remplaçant de son con. Son magnifique cul. (Elle avait eu une liaison sans lendemain avec un Italien.) Après les mamours et les petits jeux d'usage, elle s'étendait sur le ventre et m'invitait gentiment : « Vas-y, mon amour », tandis que ses mains écartaient ses fesses pour me faire voir son délicieux cul d'un brun rosé. Et de me précipiter à la cuisine pour tremper ma queue dans l'huile de table pour qu'elle glisse mieux. Je m'allongeais sur elle et, coulant un regard le long de son dos moucheté et de ses belles hanches rondes, je voyais ma tringle disparaître entre les volumineuses masses bombées et blanches (il n'y avait que quelques taches de son sur ses fesses). Elle ne jouissait pas moins bien qu'autrement. En musique et le reste. Et elle affirmait chaque fois après : « J'ai l'impression que tu enfonces ta pine dans ma fente. D'ailleurs, la distance n'est pas grande. » Évidemment, il s'agissait d'enlever vite la merde sous mon prépuce, sinon l'extrémité de ma queue aurait ressemblé le lendemain au feu arrière d'une bicyclette. Lorsque nous nous occupions de la sorte, je jouais les prêtres incas procédant au sacrifice des vierges. Elle rejetait la tête en arrière, tendait la gorge, et nous nous imaginions qu'une prêtresse armée d'un couteau affilé trancherait son cou tendu tandis que je déchargerais. Quand ce jeu l'excitait à l'excès, elle tournait un peu la tête et ouvrait la bouche, m'invitant à y cracher. Au moment précis de jouir. Car ma salive était aussi toxique que l'acide prussique et la tuerait instantanément. Et on aurait cru qu'elle allait exploser sous l'effet de la volupté à l'instant où je lançais les deux jets simultanément. Autant dire que nous menions une vie heureuse et exaltante malgré sa peur panique d'avoir un gosse. D'ailleurs, je n'éprouvais nullement le besoin d'avoir un téteur de nichons chialant dans la maison. En attendant, j'avais du travail par-dessus la tête. Les débuts d'un sculpteur sont difficiles dans une ville surpeuplée de sculptures naines marxistes par la génération précédente. On en voyait partout. Sur les ponts. Contre les façades. Aux pissotières. Des nains de grès, de pierre calcaire ou de granit. Des nains au crâne chauve, la plupart torse nu. Ils représentaient des ouvriers, comme il se doit dans un État où le travail anoblit. Seulement, un de mes collègues me souffla un jour à l'oreille : « Ce n'est pas du socialisme humain. C'est du socialisme pour les singes. » Bah ! je me foutais de ces petits Néandertaliens symboliques. On m'avait confié le soin de faire un Bonheur maternel en bronze, destiné à quelque square. Évidemment, il fallait sculpter une mère et son enfant, la Commission d'urbanisme n'avait pas manqué de me le donner à entendre : « On fait de nos jours des œuvres abstraites, ou bien une femme pareille à un ballon gonflé qu'on baptise *Génitrix*, ou quelque chose d'approchant. Or, ce genre n'a pas l'heur de nous convenir », avait dit un membre de la Commission sans avoir l'air d'y toucher. J'avais proposé de sculpter une femme enceinte, mais ils avaient objecté que ce bonheur maternel-là était plutôt prématuré. D'ailleurs, je ne serais pas parvenu à convaincre Olga de poser avec un coussinet attaché sur le ventre, sous ses vêtements. Elle n'y aurait pas survécu, affirmait-elle. Il lui suffisait amplement de tenir dans les bras la grande poupée que j'avais achetée au magasin de jouets du quartier, à très bas prix parce qu'elle était un peu abîmée. Elle a posé plusieurs mois avec cette poupée, parfois six heures par jour. Mais chaque fois que l'occasion se présentait, par exemple lorsque je m'occupais du dos de la femme, elle s'empressait de la déposer à ses pieds. Le visage cabossé en bas. Quand j'eus mis la dernière main à la statue, la Commission vint la voir. Tous étaient enchantés, sauf un fonctionnaire aux cheveux gris qui prononça ces paroles prophétiques : « On a l'impression que la mère a peur de cet enfant. » De fait, il en était ainsi. Olga n'était pas peu contente quand on enleva le plâtre pour l'envoyer chez le fondeur ; elle n'a jamais voulu aller voir le bronze à l'endroit où on l'avait installé. Dans un square près d'un canal. Au milieu des mamans, des landeaux et des tout-petits. La maternité authentique et palpable. Olga tenait aussi à abandonner toutes les études fêlées d'argile et de plâtre. Je n'osais pas les déposer près de la poubelle parce que je les aurais revues par les fenêtres sur le manteau de cheminée de mes voisins. La voiture d'enfant nous fut utile à cette occasion. Nous la débarrassâmes du fourbi qui l'encombrait et y chargeâmes toutes les mères et tous les enfants en miniature, si bien que les ressorts risquaient de céder sous leur poids. Un soir, nous la poussâmes sur le pont de l'Amstel. Je crois me souvenir que nous avons chanté une plaisanterie de notre cru en cours de route : « Ma voiture est chargée, elle risque de s'écrouler. » À notre arrivée au milieu du pont, je proposai d'attendre le moment où il serait désert, pour qu'on n'aille pas nous soupçonner de noyer un enfant. Mais elle se mit à balancer les morceaux à l'eau. L'un après l'autre et le plus loin possible. Moi, je n'avais qu'à me tourner les pouces. Soudain, j'aperçus la poupée flottant dans les profondeurs. Elle l'avait gardée pour la fin. Puis nous rentrâmes. Olga, soulagée, lançait la voiture sur la pente et courait pour la rattraper. Je me réjouissais de son exubérance. Une jeune mère éperdue de joie. Nous étions à peine arrivés qu'elle remit la voiture dans le débarras et la recouvrit aussitôt de tout le bazar que nous venions d'enlever. Ayant fait place nette, je pouvais me consacrer à Olga. Le reste des honoraires touchés pour ce travail me permettrait de travailler à mon gré pendant un an, à condition de faire attention. Durant cette année-là, elle a déambulé à poil dans l'atelier pour ainsi dire du matin au soir. Je la sculptais assise, debout, allongée, dans une attitude de danseuse. Les bras tendus horizontalement et une jambe levée. Elle me disait qu'on appelait cette attitude d'un beau mot, « arabesque », dans le monde du ballet. En tout cas, cette posture offrait l'avantage de me permettre de plonger un regard dans sa fente. Je la sculptais en Pomone, avec des fruits (qu'elle croquait toujours en posant. *Scrapple from the apple*). En Perséphone, avec des bouquets de fleurs des champs qu'elle avait cueillies. D'où s'échappaient des petites chenilles et des insectes qui se promenaient sur son corps de déesse. Je taillais son torse dans le granit, torse qui disparut dans le jardin d'un vieux richard vicieux, car qui ne peut s'envoyer de femme se contente d'une pépée en pierre. Je faisais des centaines de dessins. À la longue, j'étais capable de rêver son corps. Mes yeux en avaient exploré chaque courbe, chaque fossette, chaque pli. Mes mains les avaient recréées dans l'argile. Je procédais à la manière des bestioles sorties des bouquets qui rampaient sur son corps, tenaient ses seins pour des montagnes dont l'escalade demandait plusieurs heures, et se cachaient à l'ombre, dans la plaine, entre ses omoplates. Quand nous soufflions un moment et qu'elle allait aux toilettes, je profitais de son absence pour faire des croquis nous représentant, elle et moi, en train de faire l'amour dans toutes les positions imaginables. Et j'écrivais au-dessous : REVIENS VITE ! JE TE FERAI CECI OU CELA. Ou bien : JE VAIS TE SACRIFIER. Et aux moments où elle était vraiment irrésistible surtout lorsqu'elle était féconde, elle ne pouvait le cacher, elle ressemblait à une fleur épanouie –, je notais : JE T'AIME TANT, NE TE DONNE PAS LA PEINE DE TE TORCHER LE CUL, JE LE FERAI À COUPS DE LANGUE. Elle n'a jamais donné suite à cette suggestion. Elle croyait que c'était une façon de parler. Une envolée poétique. Entre-temps, elle s'occupait du ménage de façon extraordinaire. Nous ne pouvions nous permettre de dépenser beaucoup d'argent pour la bouffe, mais elle s'entendait si bien à préparer des filets de maquereaux cuits à la vapeur et à les orner de toutes sortes de garnitures et de sauces que j'étais tenté, lorsqu'elle les servait, de demander au garçon quel vin il nous conseillait. Elle emplissait l'atelier de plateaux chargés de fruits dont le parfum, mêlé à l'odeur de moisi de l'argile, nous procurait l'illusion de vivre dans un verger. Quand elle avait acheté des poireaux, elle les rinçait et les étalait ensuite sur des morceaux de pierre, pour les manger le lendemain. Elle procédait de la même manière avec tous les légumes. Car il lui répugnait de couper en morceaux un beau chou-fleur blanc pour le dévorer incontinent. Ou bien, elle rentrait avec un sachet de petits oignons et passait toute la journée au balcon, en plein vent, les yeux rougis par les larmes, à les nettoyer. La rue était jonchée de pellicules blanches, et l'enivrante odeur de vin des feuilles de laurier séchées emplissait la maison. Quelques jours plus tard, l'armoire de l'atelier était pleine de bocaux de petits oignons au vinaigre, aux feuilles de laurier, aux poivrons rouges et aux clous de girofle. Entourés de portraits et de statuettes d'Olga. Le front encore moite de sueur, elle contemplait son œuvre et, très contente, disait : « Voilà des provisions pour l'hiver. » Du coup, une ambiance sereine régnait dans l'atelier. Nous avions l'impression d'habiter une cabane au pied des dunes, dans un bosquet d'arbres tordus par le vent du large et tapissé de fausses oronges et de géastres. De devoir rester sur le qui-vive afin de ne pas être victimes des éléments naturels. Il n'échappait pas aux voisins, ni à personne, qu'elle était tout le temps occupée à embellir et à égayer la maison, car un jour, lors d'une fête familiale, j'entendis un voisin dire derrière mon dos : « Cette belle femme qui s'échine à ce point et se montre si gentille pour lui. Je ne sais pas ce qu'il lui fait, mais ce type a certainement une queue en or. » On me passa une nouvelle commande quand j'eus travaillé ainsi pendant une année, obsédé par Olga et son corps. Une statue pour un établissement de la Croix-Rouge. Il faut croire que le diable s'en mêlait, car il s'agissait de nouveau de sculpter une mère avec un enfant. Elle déclara aussitôt qu'elle en avait soupé. Elle ne poserait pas, elle ne voulait pas en entendre parler. Elle tomberait malade, elle en mourrait, elle aurait envie de vomir, elle me plaquerait. En tout cas, elle ne serait pas assez folle pour poser encore avec une affreuse poupée dans les bras. Je n'avais qu'à me fier à mon imagination. C'est ce que je fis. Cela prouve que les circonstances familiales jouent parfois un rôle important dans l'évolution de l'art. (Lard pour l'art.) Je conçus une femme penchée, plus grande que nature, le corps troué d'un grand creux, soulevant un enfant rudimentaire, plutôt une espèce d'être informe. L'ensemble symbolisait un geste maternel mais ne ressemblait aucunement à une mère et son enfant. Pas de seins. Au lieu d'un corps, un grand vide par lequel on verrait le gazon où elle trônerait, et un visage dépourvu d'expression humaine. Un poing fermé tendu vers la terre. Olga trouvait mon œuvre magnifique. Elle était émerveillée. Émerveillée à l'excès. Parce qu'il n'y avait rien de commun entre elle et cette statue. Peut-être parce que à son sens elle n'avait rien de commun avec aucune mère, avec aucun enfant. En conséquence, elle travaillait comme une bête lorsque je moulais le plâtre. La tête enveloppée d'un fichu, vêtue d'un blue-jean et d'une blouse, elle s'affairait dans l'atelier, on aurait dit un maçon, un plâtrier ou une ouvrière russe du bâtiment. Elle m'aidait à mouler, à dégager l'argile des moules, à préparer des seaux de plâtre. Tous les plis et tous les creux de son corps étaient blancs, et ses cheveux roux couverts d'une couche de poussière semblaient gris. Lorsque la statue, coulée en bronze, fut installée sur son socle, je reçus une invitation à l'inauguration de l'établissement par la reine. On se proposait de « présenter l'artiste à Sa Majesté, à côté de son œuvre ». Nous eûmes un accès de gaieté, car nous avions baisé à qui mieux mieux, variant nos performances, à l'ombre de la statue. Olga se mit aussitôt à confectionner une nouvelle robe. Elle la décolletait profondément et venait à tout instant près de moi, se penchait un peu et me demandait si je voyais quelque chose. « Rien que le bout des seins », répondais-je invariablement. Et je disais vrai. Ainsi donc, le jour de l'inauguration, nous attendions sous le chaud soleil automnal à côté de ma création. Olga était si belle que je trouvais la statue de la merde en comparaison. Nous aperçûmes par la fenêtre la reine, parcourant les diverses sections de l'immeuble, entourée d'une flopée de marabouts en queue-de-pie qui faisaient à tout moment un petit bond en arrière pour lui céder le pas. Comme s'ils devaient s'assurer de la solidité du parquet. Au bout d'un certain temps, nous la vîmes traverser la pelouse, s'arrêter un instant près de l'étang, et il nous semblait qu'elle adressait des signes de la main aux pélicans attroupés sur l'îlot. Ma foi, je crois qu'ils répondaient à ce salut en secouant leur poche d'aspirateur. À moins qu'ils ne prissent sa majesté pour une congénère. Parce qu'elle était coiffée comme à l'accoutumée d'un je ne sais quoi à plumes. Puis ils vinrent vers nous. Olga se tenait à mes côtés, telle une figure de proue, présentant trois quarts de ses seins étalés sur son corsage faisant office de plateau. Cependant, lorsque la procession de fourmis noires, reine en tête, ne fut plus qu'à quelques pas, elle fit un large détour. Plus tard, quand une auto de la Cour d'un noir luisant eut emporté depuis longtemps la visiteuse royale, alors que tous éclusaient du sherry à la terrasse et qu'Olga s'était retirée un instant aux toilettes, un maître de cérémonie affairé à l'air inquisiteur s'approcha de moi. Me toisant d'un regard chargé de mépris, il me dit à voix basse : « Vous devez comprendre qu'il nous a été impossible de vous présenter à Sa Majesté. » Comme je haussai les sourcils pour exprimer mon étonnement, il susurra : « Il n'est pas décent de s'habiller comme la dame qui est avec vous, ça dépasse vraiment les bornes. » Deux ans après qu'elle m'eut abandonné, je passai par hasard dans ces parages, je m'arrêtai et, la grille étant fermée, je m'assis au bord du fossé, en face de la statue. Cette journée de septembre, je la revécus dans mon imagination. Je la revoyais à mes côtés, serrée dans sa robe d'où débordaient ses seins, pareils à des dahlias sur un plateau. Éclipsant mon œuvre. Cette pièce abstraite inanimée qui ne reflétait rien d'elle. Et je compris dans un éclair que j'avais matérialisé sa peur dans cette statue. Sa peur de la maternité. Que cette œuvre ne représentait pas une femme qui soulevait son enfant, mais le repoussait vers la terre. Que le volume de l'enfant comblerait exactement le vide dans le corps de cette femme. Et qu'il y avait à cette heure quelque chose de commun entre la statue et Olga telle que je l'avais vue récemment. Telle qu'elle était devenue. Abîmée par deux avortements pratiqués par une ignoble faiseuse d'anges, un ovaire enlevé, épuisée de se fuir elle-même. Et la statue que j'avais sculptée autrefois me faisait peur. Insouciante et heureuse, elle m'avait donné un bon coup de main. J'ai dû regarder l'avenir avec une lucidité effrayante. Seulement, j'ai compris trop tard ce que mes mains savaient déjà. Trop tard pour me porter à son secours.

Peel me a grape

Elle était vaniteuse. Que voulez-vous, comment ne pas l'être lorsque les hommes risquent de se jeter sous le tram pour vous suivre des yeux, qu'un concert de klaxons s'attache à vos pas quand vous faites vos courses, et que les femmes du voisinage vous enverraient volontiers au bûcher pour sorcellerie parce que leurs maris restent plantés devant la fenêtre, une main plongée dans la poche de leur pantalon, tant que vous n'êtes pas revenue de la boucherie ? Quand elle allait acheter des chaussures chez Bata International, elle les choisissait souvent trop étroites. Prétextant que ses pieds étaient gonflés à force de courir d'un magasin à l'autre. Apercevant les bourrelets de chair sur ses cous-de-pied (ses nichons inférieurs, si j'ose dire), je voyais bien ce qu'il en était. Par la suite, elle se plaignait d'avoir mal aux pieds et ajoutait que j'avais raison, après tout. Qu'elle se sentait une demi-sœur de Cendrillon. J'ouvrais alors l'étau, lui disant que j'étais à ses ordres pour enlever un bout de ses gros orteils avec la scie à métaux. Ou bien je la pourchassais, armé de cisailles affilées. Un dimanche matin, alors que nous rentrions vers 4 heures d'un concert de nuit – Jay Jay Johnson et Lee Konitz –, il y avait effectivement du sang dans ses chaussures. Les ramiers roucoulaient comme s'ils avaient le diable au corps dans les arbres de la rue Van Baerle, mais pas au point de lui suggérer qu'elle n'était pas une héroïne de *Cendrillon*. Elle fit un bout de chemin pieds nus, pliée en deux sous l'effet de la douleur, mais elle ne tint pas longtemps le coup. D'ailleurs, elle appréhendait de poser ses cloques crevées dans un crachat jaune verdâtre expectoré par un vieux. Je résolus de la porter. Elle aurait préféré que je soulève son corps grassouillet dans mes bras. Évidemment, ça n'allait pas. Je n'étais pas Johnny Weissmuller, et elle n'était pas Jane. Elle retroussa sa jupe étroite et se hissa sur mon dos. De temps à autre, une voiture conduite par un type à moitié rond nous dépassait mais s'arrêtait un peu plus loin, parce que le bonhomme désirait nous voir passer encore une fois. C'est que sa mince culotte de soie avait disparu dans son grand canyon et qu'elle exposait son anatomie dans la jeune lumière rose du dimanche matin ; cette apparition éblouissait même ceux qui étaient malades de sommeil ou pris de nausées d'avoir trop picolé. Un spectacle à n'en pas croire ses yeux. À cette époque, nous allions à tous les concerts de jazz, même si cela nous condamnait parfois à nous priver de viande durant une semaine. Art Blakey and the Jazz Messengers avec le trompettiste Lee Morgan. Le Miles Davis Quintet. Jazz from Carnegie Hall : Dizzy Gillespie, Roy Eldridge, Stan Getz. Le Sonny Rollins Trio. Max Roach and his All-Stars. Nous avons pris des dizaines de repas composés uniquement de légumes et de pommes de terre. Quand nous rentrions, à l'heure où seuls sortaient les pêcheurs à la ligne, qu'elle portait des chaussures plus confortables et qu'elle était capable de se tenir sur ses jambes, nous nous amusions à un jeu afin de ne pas voir les pavés glisser trop lentement sous nos pieds : Quelle voiture t'offrirai-je quand je serai riche ? Dans l'interminable avenue Churchill. Par exemple, elle disait en montrant une pauvre Volkswagen : « Tu m'achèteras la dixième voiture après celle-ci quand tu seras riche et célèbre. » (Car elle croyait sincèrement que je le serais dans quelques années.) Elle exultait comme une gosse si nous tombions sur une DS ou une Jaguar. Elle me donnait un baiser sur chaque joue comme si c'était déjà chose faite. Par contre, si c'était la pitoyable carcasse rouillée d'une malheureuse guimbarde destinée au cimetière d'autos, ou bien une voiture accidentée rasfistolée, elle supposait que nous nous étions trompés. Il fallait recommencer. Parce que sa dignité ne lui permettait pas de monter dans un véhicule ne valant même pas cinquante florins à la casse, alors qu'elle portait des chaussures françaises de chez Jourdan, faites à la main, qui avaient coûté cent vingt-cinq florins. Nous nous sommes amusés de la sorte dans divers quartiers d'Amsterdam, car nous étions des habitués des fêtes. Nous ne manquions pas la séance de nuit organisée par le ciné-club, à la salle Kriterion. À son cinéma de province d'Alkmaar, elle n'avait vu que Romy Schneider dans *Sissi, impératrice* et *High Society* avec Louis Armstrong. (Elle en fredonnait souvent des airs en lavant des endives ou en épluchant des pommes de terre : « *Who wants to be a millionnaire. I don't. Have flashy flunkeys everywhere.*

I don't[1]. » Le monde du cinéma l'émerveillait. Elle n'en revenait pas. J'étais un magicien qui le mettait au jour à son intention. Les décors immenses d'*Intolérance* de Griffith. Les têtes des Assyriens qu'on était tenté de rechercher sous les banquettes après la présentation, car elles avaient semblé rouler vraiment dans la salle. Elle se serrait étroitement contre moi lorsque Conrad Veidt ou Boris Karloff nous faisaient frissonner. Et encore lorsque le rasoir effleurait l'œil exorbité et qu'on braquait la caméra sur la lune devant laquelle flottait un nuage effiloché, dans *Un chien andalou*. À vous arracher un cri strident. Le Mongol au crâne rasé soufflant sur la superbe fourrure de renard dans *Tempête sur l'Asie* lui rappelait le mantelet que je lui avais offert le jour où je l'avais rencontrée. Quand je faisais de l'auto-stop et qu'elle m'avait pris dans sa voiture. Elle prétendait que je coulais alors des regards de convoitise, comme ce Mongol. Non sur la fourrure, mais sur elle. Après avoir vu *Le Cuirassé Potemkine*, nous nous sommes écriés, plusieurs mois durant : « Une cuillerée de soupe », en certaines circonstances. Mais le film qu'elle admirait le plus, c'était *Citizen Kane* d'Orson Welles, dans lequel celui-ci tient un rôle. Ses yeux se mouillaient à la vue du vieillard, étendu sur son lit de mort, qui balbutie de sa voix éteinte « *Rosebud* » au moment où une petite boule de verre contenant de la neige tourbillonnante s'échappe de sa main sans force. Lorsque je m'allongeais sur le divan, laissais tomber une balle de tennis en balbutiant « *Rosebud* », elle fondait

1. « Qui veut être millionnaire. Pas moi. Qui veut avoir des larbins bruyants. Pas moi. »

en larmes. (Sûrement parce que cette scène lui rappelait son père sur son lit de mort. Je ne lui ai jamais répété ses ultimes paroles à propos des deux types qui se proposaient d'aller à Paris. Je n'en aurais certainement pas fait un secret s'il avait dit quelque chose de gentil, *Rosebud* ou cœur de bouton-d'or. Mais la vie n'est pas un film, pardieu. Ils n'y allaient pas.) Elle avait ri comme une petite folle en voyant le film avec Mae West qu'une dame riche, venue lui demander de ficher la paix à son mari, traite avec arrogance devant la porte de sa propre maison et qui, rentrée chez elle, apaise sa colère en criant d'une voix autoritaire à la servante : « *Peel me a grape.* » Et lorsque j'étais dans la dèche, au lieu d'être riche et célèbre, du fait que les couillons de La Haye avaient pour la énième fois brouillé les cartes en rognant les subsides pour essayer de boucher le trou creusé dans le budget par leur besoin hystérique de renforcer la Défense nationale, elle esquissait un geste élégant et disait « *Peel me a grape* » au moment où je lui remettais les quelques billets de dix florins pour le ménage qu'on m'avait alloués au bureau d'entraide. Elle se mit de bon cœur au travail pour gagner un appoint. À confectionner des culottes de plastique pour bébés dans une petite entreprise du quartier, à un florin de l'heure. Elle était fière d'apporter l'argent pour la bouffe de la journée quand, les cheveux saupoudrés de parcelles de plastique et les doigts engourdis par le travail mécanique, elle rentrait avec les quatre florins qu'elle-même avait gagnés en bossant de huit heures à midi. Lorsqu'elle avait pu mettre de côté son salaire de quelques jours et travaillé le samedi matin par-dessus le marché, elle rentrait avec un quart de genièvre, une grande bouteille de Coca et une demi-livre de cacahuètes salées. L'après-midi, nous nous installions confortablement dans l'atelier, près de la porte ouverte, et nous grignotions et buvions en écoutant les disques de Parker, de Miles Davis et de Sonny Rollins que j'avais achetés dans le temps avec les subsides pour les matériaux qu'on me versait trimestriellement. *Slow boat to China, How are things in Glocca Mora, Sipping at bells, Chasing the bird.* Lorsqu'elle travaillait à la Sécurité sociale et gagnait davantage, elle achetait quelques plantes à la fin de la semaine. Surtout des cactus. Elle aménageait l'appui de la fenêtre à leur usage. Construisit une espèce de tribune. Comme si ces machins aqueux devaient voir tout ce qui se passait dans la rue. Des concombres en pied et hérissés de piquants, des cornichons juteux allongés, couverts de poils d'un blanc argenté. Et surtout des « pierres vivantes ». Des morceaux de je ne sais quoi de répugnant pourvus de racines. Elle en raffolait et il lui arrivait de les contempler pendant des heures, comme s'ils exécutaient un ballet en son honneur. Tandis que moi, je trouvais qu'ils ressemblaient à des tétons pourris ou au con d'une vieille femelle. (Après son départ, lorsque je me décidai à donner à boire à ces sacrés cactus après les avoir négligés pendant plusieurs semaines, il était trop tard. Ils étaient desséchés et ratatinés, ils avaient l'air de croquettes ayant traîné un mois au Sahara.) Au début, Olga donnait satisfaction, mais il s'avéra impossible à la longue de la garder. Son travail assidu ne compensait pas la perte de rendement entraînée par sa splendeur. Son chef de section l'envoyait à chaque instant d'un bout à l'autre de l'immeuble, auprès des chefs des autres sections, pour leur remettre de prétendus dossiers. Un jour, elle ouvrit une chemise dans le couloir et constata qu'il ne contenait qu'une seule feuille de papier pelure sur laquelle il avait écrit au bic : « Cher Arie, je t'envoie un morceau de choix. Vise-le bien. Quelle frimousse, hé ? Ouvre bien les yeux quand elle marche. *Hop, hop, hop.* Tu devines certainement ce que je veux dire. Willem. » Et la plupart des destinataires allaient aussitôt s'enfermer un quart d'heure dans les chiottes. Il fallait qu'elle vidât les lieux, autrement la machine à verser des pensions aux déficients mentaux et aux invalides reconnus par la loi, comme on dit, n'aurait pas tardé à tomber en panne. Et c'en était fini pour un temps du genièvre et du jazz. Cependant, j'étais ravi de l'avoir toute la journée auprès de moi et de la voir s'accommoder de notre dénuement. Cela ne lui déplaisait pas, à l'en croire. C'est que notre pauvreté lui permettait de nouveau de prouver qu'elle était capable de réussir de bons plats rien qu'avec un gendarme, une ou deux tomates, une branche de persil et un œuf dur. S'il lui arrivait de ne pas tenir en place parce qu'elle avait envie de quelque chose de bon, elle me demandait comme une petite fille : « Est-ce que je peux faire des tartelettes ? » Et d'aller acheter un pain frais et une demi-livre de beurre. Son visage reflétait sa convoitise quand, installée à la table, l'air gourmand, elle étendait une épaisse couche de beurre sur une tranche de pain, puis une couche d'un centimètre de grains de chocolat qu'elle saupoudrait de perles d'anis écrasées. « L'hiver au pays des gourmands », disait-elle. Ou bien, elle entassait la moitié d'un pot de confiture de fraises sur deux tranches de pain qu'elle couvrait de flocons de chocolat et d'une mince tranche de pain de coco rose. La bouche barbouillée de confiture et de chocolat, elle savourait la friandise en affectant un air de conspiratrice malicieuse. Autrefois, son père lui permettait toujours de préparer des tartelettes lorsqu'elle rentrait de l'école à midi et que sa mère était en visite chez des amies, comme d'habitude. Il commençait par expédier sa ration, deux petites tranches de pain garnies d'un soupçon de fromage, que sa femme avait laissée pour lui sur la table de la cuisine. Ensuite, regardant Olga qui se régalait de ses tartelettes, il ne parvenait plus à réprimer son envie et chuchotait, comme si son mauvais génie écoutait derrière la porte : « Voyons, prépares-en une pour moi. » Après en avoir avalé gloutonnement trois ou quatre, il faisait tomber les grains de chocolat de son assiette dans celle de sa fille et lui recommandait : « Tu ne le diras pas à maman, n'est-ce pas ? » Ainsi donc, chez moi, elle pouvait préparer autant de tartelettes qu'elle voulait, mais au lieu d'aller aux concerts de jazz, nous allions nous promener dans la nature, où l'entrée est gratuite. Dans des coins qui ont presque tous disparu à l'époque où Olga m'a quitté. Remblayés de sable et envahis par des immeubles. Le Zuidelijke Wandelweg et les courts de tennis orange derrière les hauts sureaux, les hangars et les remises délabrés, les jardinets où les enfants creusaient des sillons dans la terre tourbeuse, brunâtre, entre les planches de légumes. Les serres blanchies à la diable, comme si une colonie de hérons nichait dans les cimes qui les surplombaient. Les fleurs qu'on avait la permission de cueillir moyennant un demi-florin. Autant qu'on pouvait en emporter. (C'est là-bas que je conçus le projet de la sculpter en Perséphone.) Le terrain où il y avait en automne, parmi les roseaux, des verges d'or dont les gosses cueillaient des brassées pour leur mère quand ils rentraient, les pieds mouillée et crottés. Où quelques gamins, nous voyant passer bras dessus, bras dessous, nous criaient de l'abri qu'eux-mêmes avaient construit : « Dis donc, n'oublie pas de lui donner une grosse bise ! » Et, un jour, le visage rieur, de sorte que nous pensions qu'ils se payaient notre tête : « Monsieur et madame, il y a ici un zigoto qui voudrait jouer avec notre limaçon. N'est-ce pas dégoûtant ? » En effet, nous aperçûmes soudain un bonhomme malingre se glisser dans les roseaux, enfourcher sa bécane et s'éloigner comme s'il avait eu le diable à ses trousses. Le Buitenveldertse Wandelweg à travers les pâturages marécageux et les fossés pleins d'eau limpide où l'on voyait en imagination, même au cœur de l'été, des silhouettes sombres, venues de la ville, le buste penché, s'égailler sur leurs patins dans les polders. Au tournant de la route, planté d'osiers, il y avait des bancs. Olga s'y débarrassait souvent de ses chaussures et s'allongeait au soleil, la tête posée sur mes genoux, pour écouter les bruits assourdis qui nous parvenaient des petits potagers à travers les buissons. Du moins, si un type n'y attendait pas l'infirmière qui passerait toute seule à bicyclette pour exhiber sa queue en son honneur. Et puis la digue où il y avait toujours tant de voyeurs épiant les couples d'amoureux qu'on aurait pu croire qu'une équipe de cinéastes était occupée à fixer une scène d'amour sur la pellicule. Du haut de la digue, le coude de la rivière où les cargos, le pont encombré de caisses à claire-voie rouges et de fûts d'huile orange, disparaissaient en oblique, et où les hérons couleur d'eau faisaient de la voile au-dessus des vaguelettes, où retentissaient les exclamations des rameurs, distinctes comme si on les poussait tout près de nous. D'un côté, dans le lointain, les arbres d'Amstelrust d'où une colonie de corneilles s'élançait parfois dans l'espace, donnant l'impression que la cime d'un arbre se déployait soudain largement. C'est ici qu'elle avait mangé l'un après l'autre huit esquimaux que j'avais achetés pour elle chez le marchand installé près du râtelier à vélos rouillé, à l'entrée des Bains Miranda. Évidemment, elle avait eu la colique, elle était rentrée pliée en deux, les mains serrées sur son ventre. Elle se rappelait encore tous ces détails bien des années plus tard, quand tout ce qui nous avait unis appartenait au passé, était irrémédiablement gâté. Un jour où elle passa chez moi en coup de vent, je l'obligeai à aller faire une promenade sur la digue, dans l'obscurité. Je n'y avais plus mis les pieds depuis des années. La digue émergeait encore un peu du sable dont on avait remblayé ce coin. Les hautes haies de troènes avaient disparu et les bulldozers avaient creusé de profondes ornières dans le sol. On avait allumé un feu avec de vieilles valises, des fauteuils défoncés et tout ce qui échoue à la longue sur les terrains vagues. Elle s'approcha du feu, si près que la chaleur lui picotait la peau, et déclara : « Le feu est la plus belle chose qui soit. » Nous levâmes les yeux sur les bâtiments modernes qui ressemblaient à des paravents noirs troués de fenêtres éclairées. J'aurais voulu lui indiquer ce qui avait été autrefois, je ne m'en souvenais plus. Sur le chemin du retour, elle me rappela que nous avions mangé du mouton aux haricots verts, six ans plus tôt, le 1er janvier. Et des abricots comme dessert. Et le passage d'une lettre qu'un ami m'avait adressée peu de temps après son départ me vint à l'esprit : « Vous avez été diablement heureux, et c'est fini. »

Une souris traumatisée

Elle n'avait pas peur des souris et des araignées. Un soir d'été, notre chat rentra avec une souris dans la gueule – il n'en sortait que la queue élégamment recourbée, de sorte qu'il avait un air à la Salvador Dalí –, mais Olga la lui prit aussitôt. Le chat s'était probablement proposé de jouer avec la bestiole, car celle-ci était indemne. Seulement trempée de bave, et l'une de ses oreilles, toute chiffonnée, collée sur son crâne. Nous déposâmes la souris dans un seau, sur un lit de bouts de journaux, pour qu'elle reprenne ses esprits. Lorsque nous allâmes la voir deux ou trois heures plus tard, son beau pelage était sec et lisse – on était tenté de souffler dessus, à l'instar du Mongol de *Tempête sur l'Asie* – et, accroupie sur ses pattes de derrière, elle se lavait le museau. Son oreille était défroissée, et elle vint manger des miettes de pain dans ma main. Nous décidâmes de lui laisser le temps de recouvrer ses forces et de ne la libérer que le lendemain. Le lendemain matin, nous allâmes jeter un dernier coup d'œil sur Jonathan, comme Olga l'appelait ; le chat, poussé par la curiosité, se faufila entre nos jambes, appuya ses pattes de devant sur le bord du seau et reluqua le fond. Et l'oreille de la souris de se chiffonner aussitôt et de se plaquer contre sa tête, à la façon d'un tendon qu'on tire sur la patte coupée d'une poule. Nous chassâmes le chat et l'oreille se redressa comme par enchantement. Du coup, Olga décida de garder la souris, car elle trouvait très original d'avoir une souris traumatisée comme animal domestique. Cependant, au bout de quelques jours, je parvins à la convaincre de libérer le rongeur qui ne cessait de sauter contre la paroi du seau et de retomber avec un bruit mat et de le laisser s'abriter dans son trou, sous l'évier. On m'a dit par la suite qu'elle avait probablement connu une fin affreuse. Que les souris suppriment leurs congénères qui se risquent dans leur domaine. Non en leur déchirant la gorge d'un coup de dents, mais en plantant lesdites dents n'importe où, car une intruse doit disparaître en un minimum de temps. On prétend que les humains ne pouvant pas avoir d'enfants ou ne voulant pas en avoir pour une raison ou une autre cherchent une compensation auprès des animaux. Olga habitait à peine depuis quelques semaines chez moi qu'elle désira avoir un chat. Un jour que j'étais allé acheter des légumes au marché Albert-Cuyp, j'aperçus un chaton dressé sur ses pattes de derrière contre la vitrine d'un marchand d'animaux. J'appuyai ma bicyclette contre la façade et observai attentivement le petit animal. Il était tacheté de noir et d'un roux semblable à la teinte des cheveux d'Olga. La pointe de sa queue était jaunâtre et une ligne de même couleur reliait son front à la pointe de son nez. Cela lui donnait l'air d'une petite catin. Par contre, le profil de sa tête était aussi noble que celui d'une tête de tigre.

Comme je viens de parler de la souris traumatisée, j'ose avouer franchement que le dualisme révélé par son aspect me décida à l'offrir à Olga. Parce que ce chat lui ressemblait, me disais-je. Et aussi, bien sûr, parce qu'il miaulait plaintivement lorsque je frappais à la vitrine où seul un morceau de grillage le séparait de trois chiots turbulents qui l'effarouchaient. J'en devins le propriétaire au prix de deux florins et demi. Je le glissai dans ma chemise, contre ma poitrine, parce qu'il pleuvait. En cours de route, il se glissa dans ma manche par-dessus mon épaule. En rentrant, je dis à Olga de s'asseoir, que j'avais une surprise pour elle, et je n'eus qu'à secouer ma manche pour le faire tomber sur ses genoux. Elle m'embrassa en serrant le chaton dans ses bras puis elle alla d'emblée acheter une brosse pour lisser son pelage luisant, ainsi que de petites écuelles pour la viande, le poisson et le Kitokat. Le chat ne tarda pas à s'attacher à elle ; il percevait avant moi le cliquetis de ses hauts talons et le bruit de ses pas précipités sur le trottoir. Si elle laissait la porte ouverte en allant faire des courses, il la suivait dans la rue et attendait son retour au coin. (Elle était partie depuis plus d'un an que le chat se lançait encore vers la porte lorsqu'il entendait le rythme endiablé de hauts talons, et cela m'a souvent bouleversé. M'imaginant qu'elle revenait, je tremblais comme une feuille. Mais il passait toujours, ce bruit de pas. À un moment, il abandonna. Je crois que la disparition soudaine d'Olga l'a fait souffrir plus que moi.) Olga la Rousse. Olga, l'amie des animaux. *Potnia theiron*, déesse des animaux, nous expliqua un jour notre professeur d'histoire de l'art, en commentant une statue d'Artémis soulevant dans chaque main, par la peau du cou, un animal qui ressemblait à un chat. En effet, on pouvait parcourir son existence en bottes de sept lieues en choisissant des périodes marquées par quelque animal comme point de repère. À commencer par les chats. Nous ne tardâmes pas à en avoir plusieurs. Dès que le notre, qui était une chatte, eut atteint l'âge adulte, elle se fit engrosser deux fois par an. Un panier plein de chatons à chaque coup. Petits mâles roux, femelles noires et quelques autres au pelage plus nuancé. La mère allongée indolemment sur le côté, étalant ses minuscules tétons roses, et toute la nichée buvant goulûment. Lors d'une journée d'août étouffante, où l'on avait l'impression que la chaleur vous écrasait, la chatte mettait bas pour la énième fois, mais Olga tenta de sortir le dernier petit, qui était coincé à mi-corps. Toutefois, la mère restait allongée, haletant à un rythme de plus en plus saccadé, sans s'intéresser le moins du monde à sa progéniture. Au milieu de la nuit, nous dûmes la conduire en taxi chez le vétérinaire. Celui-ci constata qu'elle ne parvenait pas à expulser un petit cadavre déjà en voie de décomposition. Il fallait l'opérer d'urgence. Je m'installai dans la salle d'attente où régnait une chaleur d'étuve, un bras noué autour du corps moite d'Olga, et nous reniflâmes soudain l'odeur de chloroforme qui nous parvenait du corridor. Nous devinâmes que le vétérinaire était déjà au travail et Olga se crispa. Tout à coup, un roulement de tonnerre fracassant éclata et les peupliers s'agitèrent au fond du jardin, dans l'obscurité, alors que nous ne nous étions pas aperçus qu'il y avait du vent. Et la pluie se mit à crépiter. Olga était convaincue que cela tournait mal, que le vétérinaire ne réussirait pas à sauver la chatte. J'attribuais son scepticisme à l'orage de mauvais augure et aux éclairs qui illuminaient sans arrêt les jardins d'une clarté blanche, l'espace d'un instant, de sorte que nous entrevoyions des arbustes que nous n'avions jamais vus auparavant. On aurait dit l'accompagnement musical d'un film dramatique de série B. Or, le vétérinaire, un tablier taché de sang noué sur son pyjama rayé, souriant, apparut à l'improviste dans l'embrasure de la porte et nous autorisa à aller voir la chatte. Elle gisait dans une cage à fond de zinc. Toute mouillée, chiffonnée et encore endormie, avec une tache dégarnie d'un rose pâle au ventre, à l'endroit où la chair suturée ressemblait à une paupiette. Le vétérinaire nous dit que nous pourrions venir la reprendre dans une semaine et, avant de prendre congé, Olga l'embrassa ; elle lui donna un baiser sonore sur chaque joue parce qu'il avait sacrifié son sommeil pour sauver la chatte. Je suppose qu'il ne l'a pas retrouvé de toute la nuit. Et voilà pour ce qui est de la chatte. Parlons maintenant des tourterelles qu'elle rapporta du marché aux oiseaux. Un couple de tourterelles couleur de sable, avec un ruban noir à la base du crâne. Je fabriquai aussitôt une cage avec des perchoirs bleus et du sable mêlé de débris de coquillages dans le fond. Au début, leurs roucoulements m'amusaient ; c'était un couple lubrique, qui faisait l'amour plus fréquemment que nous. Après avoir tiré leur coup, elles se mettaient à rire et à glousser de plaisir, tant et si bien qu'elles me donnaient envie d'y aller à mon tour. D'ailleurs, la situation n'aurait pas manqué de poésie. Un jeune couple d'amoureux au lit, leur nudité à moitié dissimulée sous un drap, et ces roucoulements de tourterelles. Seulement, les exercices amoureux de ces faiseurs de tapage suivaient leur cours normal, car au bout d'un mois ou deux la femelle couvait deux œufs blancs. Olga ne pouvait s'empêcher de les prendre en main. Elle les serrait contre son oreille, et un beau jour elle perçut un petit bruit de coups de bec, à l'en croire. Elle s'imaginait qu'il en sortirait de jolis oisillons duveteux. Des espèces de roitelets dodus ou des poussins. Or, un beau matin, elle trouva dans le nid deux paquets de tripes, nus et nauséabonds, à tête préhistorique. Elle fut terriblement déçue. Et elle eut des haut-le-cœur en voyant les parents déverser en hoquetant le contenu à demi digéré de leur jabot dans les becs larges ouverts. Ils devenaient de plus en plus repoussants au fur et à mesure qu'ils grandissaient. Ils bleuissaient de jour en jour, avaient de plus en plus l'air de vieillards, et l'on voyait la masse de leurs intestins envahie par des veines comme par une maladie. Elle en avait assez. Je n'ignore pas pourquoi. Je ne lui ai jamais posé la question, mais probablement parce que cela lui rappelait le nichon cancéreux de sa mère. Il est vrai que moi aussi j'y songeais chaque fois que je voyais cette membrane ridée contenant la pelote de tripes. Un jour, elle reçut la visite d'une amie qui s'engoua des tourterelles et elle les liquida à perte. Et elle ne fit jamais plus allusion à ces rieuses dévergondées. Après les tourterelles, il y eut les rainettes. Vertes comme mousse, mais ne donnant pas de la gueule, au moins. Il arrivait bien à l'une d'elles de gonfler une vessie d'un blanc sale sous sa gorge, mais je n'en ai jamais entendu sortir un coassement. Elle les avait logées dans un bac de verre où elle disposait des branches feuillues qu'elle renouvelait deux ou trois fois par semaine. Elle les nourrissait de vers de farine et de chénopodes qu'elle mettait dans un pot sous le robinet, afin de les conserver le plus longtemps possible dans l'eau courante. Parfois, elle observait longuement cette masse informe, rose, hérissée de cils vibratiles, qui flottait dans l'eau, et elle déclara un jour que notre âme, si nous en avions une, devait avoir à peu près cet aspect-là. Il arriva que le clapotis, pareil au bruit de l'eau de pluie s'écoulant par le tuyau de descente, me tapa sur le système ; je fermai le robinet, et cette masse semblable à une ortie de mer se transforma dans le courant de la nuit en un paquet de boue couleur chair. Je suppose que notre âme a plutôt cet aspect-là. De temps à autre, Olga prenait une rainette sur sa main et la laissait sauter sur une plante. Ou bien nous nous amusions à organiser un concours de saut en longueur, comme si ces bestioles étaient des jouets. Cependant, la plupart du temps, elles menaient une vie discrète sur l'appui de la fenêtre du débarras, car il n'était pas facile de passer entre le mur et la voiture d'enfant pour arriver auprès d'elles. Quand Olga eut vidé les lieux et que je traînai des semaines d'affilée dans mon lit, abruti par la détresse, le chat fit tomber le treillis qui les couvrait. Elles s'échappèrent et je les retrouvai plus tard par-ci, par-là, toutes desséchées, dans le bazar. Elles étaient encore reconnaissables, ces rainettes, mais dures comme du celluloïd. Mais avant le départ d'Olga une visiteuse passa en coup de vent. La belette. Je la vis courir alors que je jetais un coup d'œil par la porte de mon atelier. Je me lançai à sa poursuite. À la poursuite de ce trait brun et rapide qui disparut par une porte entrebâillée. Ayant poussé doucement cette porte, j'aperçus une petite tête et deux minuscules yeux bruns qui m'épiaient par-dessus une pelle à poussière. J'appelai Olga, allai chercher la poubelle vide sur le trottoir et lui dis de la déposer horizontalement devant la porte entrouverte dès que j'aurais gagné le vestibule. De la redresser et d'en rabattre promptement le couvercle lorsque je crierais. Puis j'entrai dans la pièce. La tête rusée me jeta un regard et disparut. Je me dirigeai à pas de loup vers le coin et tapotai légèrement sur la pelle. Un éclair brun foncé jaillit vers la sortie. Je poussai un cri et entendis à l'instant même le bruit du couvercle retombant sur la poubelle. Tout s'était passé si vite qu'Olga n'avait rien vu. Nous ne savions pas si la belette était prisonnière. Je traînai la poubelle dans l'atelier, soulevai le couvercle et la belette en bondit, s'élevant à hauteur de ma poitrine. Par bonheur, elle avait sauté verticalement et retomba avec un bruit sec dans la boîte à ordures. Je rabattis le couvercle, imbibai d'éther un tampon d'ouate, le glissai dans la poubelle, et quelques minutes plus tard je tenais par la peau du cou le petit animal au ventre blanc, pareil à une cravate rembourrée. Nous l'enfermâmes dans l'ancienne cage des tourterelles. La belette ne tarda pas à reprendre ses esprits et avala sans hésiter les bouts de bifteck haché que je lui tendais sur la pointe du manche d'un pinceau. Elle était certainement affamée, car elle mangea tout le bifteck. Olga aurait aimé la garder, elle voulut même ouvrir la porte de la cage pour la caresser, mais je lui conseillai de n'en rien faire parce qu'elle avait besoin de ses dix doigts pour confectionner les culottes de plastique pour bébés. Je lui expliquai qu'enfermer le petit carnivore dans une cage équivaudrait à lui faire vivre un martyre. J'allai emprunter chez le voisin un bac de verre afin de l'emmener sur le porte-bagages de ma bicyclette et de la laisser courir quelque part dans la campagne ; Olga la surveillerait pendant mon absence. Elle était au désespoir quand je revins. Elle était allée prendre le courrier dans la boîte aux lettres et la belette avait disparu, à son retour dans l'atelier. Je n'en croyais pas mes yeux. L'espace entre les barreaux était à peine d'un centimètre, aucun d'eux n'était tordu et je ne découvris de poils nulle part. Nous passâmes l'atelier au peigne fin sans découvrir de trace de la fugitive. Je supposai qu'elle s'était réfugiée dans une fente ou dans le trou de souris, et par la suite, chaque fois que je déplaçais un morceau de pierre, je m'attendais à la retrouver aplatie et desséchée, pareille à un bout de carton. Deux ans plus tard, il fallut déplacer le grand radiateur du chauffage central pour lui donner une couche de peinture. Olga eut l'occasion d'enlever les saletés qui s'étaient accumulées derrière au cours des années – des morceaux de pierre calcaire d'avant la guerre, des bouts de fil de fer rouillés, des éclats de plâtre, un lambeau de toile sur lequel une main inexperte avait peint quelques oiseaux. À un moment donné, Olga vint vers moi, affectant un air solennel et dramatique. Elle me présenta quelque chose d'un brun-rouge sur sa main tendue. J'eus un sursaut de frayeur à l'idée qu'elle perdait ses cheveux. Or, c'était tout ce qui subsistait de la belette. Qui ne valait plus la peine d'être enterré. Et qui échoua sans histoire dans la poubelle, en même temps que les autres déchets et les fils de fer rouillés dans lesquels elle s'était empêtrée. En dernier lieu, nous eûmes un gentil petit ami qui, lui, eut un bel enterrement après avoir trouvé la mort dans un accident affreux. Un enterrement avec fleurs, larmes et tout le bastringue. Je transportai le corps enfermé dans une boîte à cigares sur le porte-bagages de ma bécane. Et lorsque mes doigts eurent creusé un trou dans le sol, à l'Amsterdamse Bos, au pied d'un grand frêne à la cime largement déployée, et que j'eus descendu la boîte dans la tombe, Olga y déposa en sanglotant une orchidée achetée avec l'argent qu'elle avait gagné. (La fleur avait coûté cinq florins. C'est-à-dire qu'elle avait dû confectionner des culottes de plastique pour bébés durant cinq heures.) Quand j'eus comblé le trou avec du sable, je souffris, non d'avoir enfoui la boîte contenant le corps piétiné du gentil tadorne blanc et noir, mais d'avoir enterré vivante cette orchidée, je dus soutenir Olga, sinon elle se serait effondrée, dans les orties. Nous avions coutume d'aller passer nos vacances à l'île d'Ameland (sifflant de petites bouteilles de sherry au wagon-restaurant du train pour Leeuwarden et déjà à moitié pompettes quand nous embarquions à Holwerd), où nous louions un abri dans un camping situé au pied des dunes. Quatre parois de bois à hauteur d'épaules, blanchies à la chaux, et une toiture de prélarts ; une lumière merveilleuse l'éclairait. Une chaude couleur de thé lorsqu'il y avait du soleil, et une teinte de pastille de menthe lorsque le ciel était couvert de nuages. Il y avait des kilomètres de plage où nul ne mettait jamais les pieds, hormis nous deux, où nous nous promenions à poil du matin au soir, et où elle me chevauchait dans les flaques peu profondes. Où je la sautais sur un banc de sable, sous le soleil, parmi les fucus et les méduses bleues bordées de violet comme un jupon. C'est là que j'ai pris la photo où elle est étendue sur le dos, dans le sable mou, les cheveux piqués d'églantines et les seins dressés, à propos desquels quelqu'un m'avait demandé un jour : « Est-ce que ça existe vraiment ? » (J'avais laissé cette question sans réponse, car elle m'avait plaqué depuis belle lurette et ses seins, ces splendeurs, fermes et tendres à la fois, étaient déjà tout flétris à cause de sa vie stupide et déréglée, de ses sorties nocturnes et de ses bacchanales.) C'est là qu'elle avait recueilli le jeune tadorne dans les dunes. Il la suivait ; j'avais lu jadis que, lorsqu'ils ont perdu leur mère, ils adoptent le premier être vivant qu'ils trouvent sur leur chemin, que ce soit une belle femme comme Olga ou un pêcheur de coquillages aux guiboles cagneuses et velues et aux ongles crasseux d'avoir fouillé dans les fucus. Autant dire que le gentil volatile duveté de noir et de blanc était bien tombé. Au bureau de poste de Nes, je téléphonai à un biologiste qui m'expliqua qu'il y avait moyen de lui sauver la vie en le nourrissant de poisson haché et de crevettes fraîches. Mais qu'il avait besoin de chaleur maternelle durant la nuit. Cela ne facilitait pas les choses, car s'il était vrai que j'aurais pu le laisser dormir sur ma poitrine, il n'était pas moins vrai que je me serais réveillé couvert de fiente. Toute la nichée dort sous les ailes maternelles, l'arrière-train tourné vers l'extérieur, et si l'un ou l'autre a besoin de chier, il pousse un cri et la mère se soulève un peu avant que la fiente ne jaillisse, de sorte que ses plumes ne font pas fonction de papier hygiénique. Je répétai les renseignements du biologiste à Olga qui était assise à la table, les bras largement écartés entre lesquels le caneton allait et venait. Elle se déclara aussitôt disposée à se dévouer. Et elle dormit toutes les nuits sur le dos, le petit palmipède blotti entre ses seins. (S'il m'arrivait de me réveiller à la pointe du jour et de la voir étendue ainsi, j'étais porté à croire qu'elle avait trois nichons, deux ordinaires de chair rose et, entre ces deux-là, un autre garni de duvet pour l'hiver.) Avant de se mettre au lit, elle emmaillotait le croupion du caneton, ce qui donnait un bon résultat la plupart du temps, mais s'il s'en débarrassait, Olga se réveillait avec des nénés qui ressemblaient au pis d'une chèvre qui se serait couchée dans la boue. Les nichons souillés de merde au vent, elle courait vers la mer, à travers le camping endormi, et les rinçait dans l'eau salée où j'étais déjà occupé à pêcher au haveneau des soles, des plies et des crevettes pour le caneton. Lorsqu'un couple de tadornes au vol majestueux passait dans l'espace à vigoureux coups d'ailes, je disais à Olga qu'il leur ressemblerait un jour. Elle s'en attristait, car elle savait qu'elle devrait lui rendre sa liberté tôt ou tard. Et il y mettait du sien, il grandissait si vite qu'il nous fallut une petite caisse pour l'emmener à Amsterdam, à la fin de nos vacances. Il agitait cocassement ses petites ailes en s'étirant, comme s'il essayait déjà les gestes de la liberté. Il s'attachait aux pas d'Olga, où qu'elle allât. Il la suivait même dans la rue, quand elle se rendait à la boulangerie, occasionnant des embouteillages. Il déambulait dans l'atelier où je travaillais à une statue d'Olga serrant le chat dans ses bras, et il pataugeait dans les flaques d'eau lorsque j'aspergeais l'argile, semblant espérer que des arénicoles sortiraient du béton. C'est ainsi que l'accident fatal se produisit. Reculant pour regarder la statue et Olga à distance, je le piétinai. Il y eut des craquements comme s'il avait eu une charpente de bois dans le corps. Il se convulsait à mes pieds. Olga se tordit en poussant un cri. Elle resta toute la journée accroupie contre le mur, pleurant, l'oiseau mort dans le creux formé par son ventre et ses jambes remontées. De temps à autre, je m'accroupissais près d'elle, l'enlaçais et joignais mes larmes aux siennes. Elle était inconsolable. Et je crois que c'est la raison pour laquelle la statue de la femme au chat exhale tant de chaleur humaine. Car Olga posait l'air affligé, et sa tristesse se prolongea durant plusieurs mois. Un membre de la Commission avait dit à propos de la femme à l'enfant, pour laquelle Olga avait posé, que celle-ci donnait l'impression d'avoir peur de l'enfant. Par contre, un membre de la Commission d'achat de la ville de Groningue, qui avait acquis la statue de la femme au chat, avait déclaré : « Cette femme tient ce chat comme si elle serrait un gentil bambin dans ses bras. » Après le départ d'Olga, le modèle de plâtre de cette œuvre a figuré dans des expositions en plein air organisées de par le pays. Un jour où elle passa chez moi, après son deuxième ou troisième mariage manqué, elle me dit, non sans fierté : « Je me suis encore revue une fois. Avec le chat. À Rotterdam. » Lorsque cette statue fut coulée en bronze et que je l'eus vendue, je rentrai une nuit et elle apparut soudain à mes yeux, telle une silhouette blanche, devant la porte de ma maison. Je fus saisi de frayeur, au point qu'il me fallut un bon moment pour deviner que le fondeur avait rapporté le modèle de plâtre et, ne trouvant personne à la maison, l'avait déposé sur le seuil. Je dus m'appuyer contre la statue pour surmonter mon émotion et retrouver la force de la traîner dans mon atelier et de l'installer à l'endroit qui lui était réservé. Où elle est restée jusqu'à aujourd'hui.

Miss Taille-de-guêpe

Qu'est-ce qui lui était arrivé ? À elle, à Olga ? Qu'est-ce qui avait changé au cours des années ? Ou bien avais-je été aveugle au point de ne pas voir ce qui existait depuis toujours ? N'avais-je pas remarqué que le cher animal roux avait voulu se dégager de mes bras, au début en hésitant, peu à peu, mais de plus en plus brusquement par la suite ? C'est ce que je n'ai cessé de me demander tandis que je vivais dans la passion ou dans le désespoir après qu'elle m'eut plaqué. Bien sûr, je me trompais en prétendant parfois qu'elle ne m'aurait jamais abandonné si je n'avais pas eu le téléphone. Sans doute l'avais-je surprise de plus en plus fréquemment en train de téléphoner à sa mère. Il n'y avait pas lieu de s'en étonner, surtout après la mort du père, mais la constatation qu'elle n'avait plus rien à dire et raccrochait à mon arrivée éveilla ma méfiance à la longue. Par la suite, son attitude me mit également la puce à l'oreille. Elle semblait en proie à une espèce de malaise. Par exemple, il y avait un livre sur ses genoux, mais elle ne lisait pas. Si je lui demandais à quoi elle pensait, elle répondait : « Moi ? À rien. » Et elle reprenait sa lecture. Or, levant les yeux de mon travail, l'instant d'après, je lui voyais de nouveau cet air absent. Cela se manifestait souvent pendant les repas. Une de ses amies était allée dire bonjour à la mère d'Olga, dans une auto que son mari lui avait offerte pour son anniversaire. Et, débordante d'enthousiasme, elle avait parlé à la vipère des voyages qu'elle avait faits à travers l'Europe. Et de ses armoires bourrées de toilettes, si nombreuses qu'elle avait l'embarras du choix lorsqu'elle sortait, l'après-midi, en compagnie de ses copines. Je devinais parfaitement sur quel ton la mère d'Olga lui avait répété ces propos. Cette sale garce sournoise. D'une voix mielleuse, sans la moindre arrière-pensée apparente. Car elle n'ignorait pas que le venin administré de la sorte produirait ses effets. Au début, je le prenais à la rigolade, disant que cette Nancy avait déjà l'air pâlot d'une mal baisée, et des nénés flasques de troisième catégorie, et des varices à ses mollets ramollis après moins d'un an de mariage, et que son mari était impuissant par suite de surmenage. Et que cette cabotine à la binette de papier mâché n'avait pour sûr pas une seule robe aussi jolie que celle qu'elle, Olga, avait confectionnée avec le tissu que je lui avais offert récemment. Qu'elle ne trouverait pas drôle que je sois directeur d'une fabrique de margarine dont les produits de mauvaise qualité donnaient des boutons aux consommateurs. De voyager en Europe aux dépens de gens ayant la gale et que sa garde-robe déborde de boléros et d'étoles en peaux de lapin teintes. Du moins, j'avais pu payer sa robe du travail de mes mains, et non parce que je donnais un salaire de famine à deux cents ouvriers. Je disais vrai, car pendant qu'elle était partie à son travail, un connaisseur d'art aux cheveux blancs, délicat et raffiné, avait acheté un de mes dessins. (Après avoir rabattu cinquante florins sur le prix, comme il se doit.) J'avais aussitôt enfourché ma bicyclette et m'étais rendu au grand magasin De Bijenkorf où ce tissu, exposé depuis un bon moment à l'étalage, m'avait tapé dans l'œil. Un tissu rayé de rose, de rouge, de brun et de jaune foncé. De retour à l'atelier, j'avais fabriqué un mannequin de carton, consolidé avec du bois pour qu'il tienne debout. Ensuite, j'avais drapé le tissu sur cette silhouette et collé au cou un bout de papier sur lequel j'avais écrit MISS TAILLE-DE-GUÊPE. Elle m'avait prié souvent, en s'habillant, d'appuyer de toute la force de mon genou sur son ventre pour serrer la ceinture d'un cran. Olga avait rougi de plaisir en rentrant. Elle avait installé le mannequin devant le miroir, s'était postée derrière et avait constaté qu'il masquait complètement son corps. On aurait dit qu'elle se cachait derrière elle-même. Qu'elle portait déjà la robe. Et elle avait reconnu, tout étonnée : « Tu sais si bien comment je suis faite ! » Elle avait confectionné le vêtement en tirant la langue, et les essayages lui avaient valu maintes piqûres d'épingle. Lorsqu'elle avait mis la robe pour la première fois et était venue se poster devant moi, les bras un peu écartés, j'avais affirmé : « Olga, tu es la plus belle de tout le pays. Tu es aussi resplendissante qu'une pomme soigneusement frottée. » (Plus tard, cherchant ces maudites rainettes, je retrouvai le mannequin de carton dans le cagibi et le déposai devant le miroir. Je mis mes mains sur les hanches et regardai notre image. J'eus l'impression de palper et de revoir le tissu, je m'efforçai d'évoquer Olga telle qu'elle était à cette époque. Mais je n'y parvins pas, je la voyais telle qu'elle était à présent, et, ayant chassé cette image, je restai seul avec la silhouette. Avec l'ombre d'Olga. Une épure de notre bonheur qu'il fallait savoir lire, sinon ce n'était qu'un bout de carton brun.) Cependant, il n'y avait pas que les coups de téléphone venimeux de la mère qui l'avaient finalement poussée à me quitter. Les graines de la mauvaise herbe qui allait envahir toute son existence avaient été semées auparavant. Ce qui a surtout été fatal à Olga, je crois, c'est qu'elle avait malheureusement toujours vu son père tel qu'il était : transformé par sa mère en gosse bedonnant, gourmand et malicieux qui ne pouvait s'empêcher de jeter un coup d'œil dans la soupière lorsque sa femme passait dans le couloir et la précédait ensuite, trottinant à pas incertains en scandant tout haut de sa voix enrouée : « Po-tage – po-tage – po-tage – bou-lettes – bou-lettes – bou-lettes – ché-ché-ché. » Car il ne lui restait qu'à jouer les clowns pour oublier ses cornes et les humiliations que lui infligeait son épouse. Un jour qu'il s'était affalé sur un divan, complètement découragé, Olga l'avait entendu dire à un oncle, à propos de celle-ci : « Je feins toujours de la voir pour la première fois. Comme si je recevais la visite d'une charmante femme que je n'ai jamais vue auparavant. Ainsi, je peux me dispenser de lui demander où elle a traîné. Je peux faire comme si cela ne me regardait pas. » Elle se rappelait également avoir entendu, quand on fêtait son dixième anniversaire, un prétendu oncle dire avec un sourire gras à quelqu'un : « Eh oui, monsieur, cette petite dame a les mains douces. Nous le savons tous. » Au début de notre vie commune, Olga dormait les genoux remontés jusqu'aux seins et le pouce enfoncé dans la bouche jusqu'à la racine. Tout en dormant, elle me repoussait de sa belle croupe dans le no man's land, sur l'étroite bande au bord du sommier où je parvenais à me maintenir si le lit était solidement bordé. Les premiers jours, je tâchais d'échapper au risque de dégringoler en restant allongé entre ses cuisses, après avoir fait l'amour. Nous nous endormions ainsi, collés et accrochés l'un à l'autre. Mais des coups de coude désordonnés, lents mais irrésistibles, me réveillaient au milieu de la nuit. Elle avait vite fait de se débarrasser de moi en travaillant des bras et des jambes, en poussant des gémissements telle une fillette pleurnicharde dont on ne fait pas les quatre volontés. J'avais beau la repousser, la bousculer et protester, il n'y avait rien à faire. Elle dormait comme un loir. Elle ne se calmait pas avant d'avoir réoccupé les trois quarts du plumard et blotti sa croupe contre mon ventre, puis elle se mettait à ronfler paisiblement en suçant son pouce. Olga et ses caprices singuliers, bizarres, gênants, charmants ou insupportables. J'ai persisté à l'aimer à la folie. Je nous revois, attendant la pluie sur le seuil par une journée d'août chaude et étouffante au point que les mouches restaient collées à notre peau moite. Enfin, elle se mit à tomber. En grosses gouttes qui mouillèrent les pavés de la rue en un rien de temps. Seuls les arbres occupaient le centre d'un cercle gris, comme s'ils avaient secoué leur poussière. Ensuite, des lambeaux de nuages menaçants d'un bleu grisâtre se bousculèrent dans l'espace, et bientôt la trombe d'eau s'abattit dans un bruit d'orage. Elle se débarrassa de ses chaussures et, les bras largement écartés, se promena sous le déluge jusqu'à ce qu'elle fût trempée comme une soupe et que la couleur de sa peau apparût à travers le tissu de sa robe. Puis elle entra, se déshabilla et se mit en bikini. Et elle alla s'allonger dans le caniveau, entre les autos parquées, dans le courant d'eau grise, profond de trente centimètres, à la surface duquel la pluie formait des bulles, se laissant fouetter par les cinglantes hallebardes célestes. (Cependant, elle ne poussait pas de cris comme elle ne cessait de le faire sous la douche, quand elle ouvrait le robinet d'eau froide afin de raffermir ses seins : « C'est vache... c'est vache... c'est vache... ») Je remplis deux verres de vin – on m'avait probablement payé une commande –, les mis sur un plateau et allai m'asseoir à ses côtés dans la mare. Nous vidâmes nos verres avant que le vin ne fût noyé, puis nous laissâmes le plateau chargé des verres vides flotter à son gré, jusqu'à ce que la pluie qui tombait toujours à verse le fît couler. Elle s'imaginait que les autos ralentissaient afin de ne pas l'éclabousser. Oh, la petite chérie. La pluie ayant cessé, nous regagnâmes l'atelier, je dus me donner beaucoup de peine pour arracher mes vêtements trempés, et elle dit soudain : « Et maintenant baise-moi à en mourir. » Et tandis que la pluie torrentielle s'écoulait en glougloutant dans les bouches d'égout, je me démenais comme un forcené sur son corps mouillé. Enfin, la peau humide de sueur et d'eau de pluie, nous nous endormîmes l'un sur l'autre, au cœur de cette journée d'été. (Elle avait déjà exprimé ce désir dans le temps. Nous étions allés voir *Vu du pont*. Elle préférait la scène juste avant l'entracte, dans laquelle Marco saisit le pied d'une chaise et la soulève devant Eddie d'un air triomphant et provocant. Rentrés chez nous, elle me demanda si j'étais capable d'en faire autant. J'essayai, mais, ne parvenant comme Eddie qu'à soulever la chaise à une petite hauteur, je renonçai.

Je m'exerçai durant deux ou trois semaines en secret, en faisant ma gymnastique matinale. Je finis par y arriver. Et je lui dis un jour au petit déjeuner : « Regarde donc, Olga. » J'empoignai le pied et déposai la chaise sur la table, au-dessus de son couvert. Elle me dévisagea d'un air admiratif, comme si j'étais une espèce de créature primitive, un singe au bras d'acier ou quelque chose d'approchant, et me combla d'éloges. Elle recula son siège, se leva, remonta sa jolie chemise de nuit à fleurs au-dessus de ses seins et s'allongea sur le lit. Puis elle me dit : « Et maintenant, baise-moi à en mourir. » Aussitôt dit, aussitôt fait.) Un jour que nous nous promenions dans le bois, nous trouvâmes un lapin mort, déchiqueté par une corneille ou par une pie. Elle se pencha sur la charogne, poussa un cri et m'empêcha d'y farfouiller avec un bâtonnet. Nous poursuivîmes notre promenade et elle me confia qu'elle avait été effrayée par la vue d'un filament rouge sortant de la tête du lapin, pareil à celui qu'elle avait découvert un jour dans ses excréments, aux W.-C. Elle avait eu une peur bleue, s'imaginant qu'elle était atteinte d'un cancer. Que sa chair se décomposait dans son ventre. Elle avait touillé sa merde avec un bout de papier hygiénique enroulé et s'était rendu compte que c'était un filament de rosbif. Toutefois, son angoisse avait persisté. La première fois qu'elle passa chez moi après son départ, elle me dit : « Je crois que j'ai des complexes incroyables. Seulement, j'ignore lesquels. C'est pourquoi je les refoule. Afin qu'ils ne m'incommodent pas. » Quelques jours avant le dernier réveillon de Noël que nous avons fêté ensemble, j'avais acheté une boîte de pièces d'artifice pour le réveillon du nouvel an. Des soleils, des chandelles romaines, des fusées et des pétards. Penchée sur la boîte, elle se mit à pleurnicher. Parce qu'une année s'était encore écoulée, parce qu'elle se sentait vieillir. Elle n'en voulait pas, de ce tapage, ça la rendrait malade. Alors, j'attachai la boîte sur le porte-bagages de ma bécane et nous pédalâmes vers le bois par un jour de neige, entre Noël et la Saint-Sylvestre. Et je mis le feu à tout le bazar, en plein jour. Frileuse, elle regardait à distance les pétards stridents avec leur queue de fumée et d'étincelles s'éteindre dans la neige en sifflant. Je ne parvins pas à la convaincre d'allumer un soleil que j'avais fixé au tronc d'un arbre. À la Saint-Sylvestre, nous nous mîmes au lit à onze heures, et au moment où le chahut se déchaîna dans la rue, elle s'agita à mes côtés, parlant dans son sommeil. Ainsi commença l'année, cette année au cours de laquelle j'allais la perdre à jamais. Olga. Miss Taille-de-guêpe.

L'attitude anatomique

L'unique document relatif à cet épisode que j'aie conservé, c'est la copie d'une lettre de mon avocat à Olga disant en substance qu'elle confirme avoir pris connaissance d'une requête tendant à obtenir l'autorisation d'introduire une procédure en divorce pour cause d'adultère commis par elle, et qui sera déposée par son époux auprès de M. le président du tribunal de première instance d'Amsterdam. Qu'elle déclare connaître le contenu de ladite requête, ne pas avoir l'intention de faire opposition à son enregistrement et renoncer à comparaître en conciliation. L'origine de ces traces remontait au Salon d'articles de ménage. Ils auraient voulu que je fasse un Hermès grandeur nature pour leur stand. À l'œil. C'est pourquoi leur projet tomba à l'eau. La mère était venue à mon atelier en compagnie du nouveau chef de vente – déjà le troisième depuis la mort du père –, une espèce de macaque décrépit, cagneux, aux poils noirs, qui ressemblait à l'un des Stooges (le plus moche). Il avait le verbe haut et tenait le crachoir, mais je ne comprenais rien à ce qu'il bafouillait. On aurait dit qu'il ne parvenait qu'à crachoter wouah… wouah, et je n'aurais pas été étonné qu'il tambourinât sur sa poitrine en parlant. Aussi répétait-elle ses propos. Que ce n'était pas trop me demander que de faire la statue. Qu'ils étaient disposés à payer le plâtre et la dorure, ainsi que les autres frais. Puis l'ostrogoth recommença à faire wouah… wouah. Et elle de répéter avec son éternel sourire mielleux ce que l'autre venait d'éructer. Que je ne devais pas oublier le caducée et les ailes aux chevilles. Qu'il importait surtout que la statue soit grandeur nature. Ils joueraient alors sur du velours. Leur stand serait le clou du Salon grâce à ce brillant machin doré. Il se mit soudain à rire comme un malade, en plaquant ses lèvres contre les dents de cheval qui garnissaient ses mâchoires puissantes, lorsque je lui expliquai qu'Hermès était non seulement le dieu du commerce des anciens Grecs, mais aussi leur dieu des voleurs. Il se tortillait sur sa chaise en gesticulant. Par la suite, je me rendis compte que c'était un homme puéril, affligé d'une imagination terre à terre. Et équivoque par-dessus le marché, car s'il s'était occupé de plusieurs commerces qui avaient fait faillite ; en outre, il avait cru réussir une belle performance quelque part à la pointe septentrionale de la province de Noord-Holland, en transformant, notamment, une étable en espèce de jardin-restaurant suspendu de style oriental peuplé de perroquets braillards où le service était assuré par une poignée de drôlesses couleur moka, des filles à soldats, vestiges de la guerre coloniale. Mais cette entreprise avait également tourné à la déconfiture, les paysans autochtones ne bouffant que des biftecks aux petits pois. Ainsi donc, cet Hermès doré grandeur nature ne vit pas le jour. (Je pense que j'avais refusé de le fabriquer surtout pour contrarier cet individu louche que je soupçonnais d'avoir une liaison avec la mère – ce qui s'avéra par la suite –, et non parce que j'aurais dû exécuter ce travail à l'œil. Car j'aurais volontiers sculpté un Hermès pour chaque coin du stand à la demande du père, ne fût-ce que parce qu'il m'avait parlé un jour d'un ton ironique de son stock de couteaux allemands qu'il donnait encore en prime à ses clients.) Bien. Ils battirent en retraite en me faisant grise mine. Elle entraîna dans son sillage le macaque dont les mains, les pouces tournés vers l'extérieur, touchaient presque ses genoux, une attitude que nous appelions l'« attitude anatomique », à l'académie, et qui lui donnait l'air d'être tenté de se jeter en grognant à la gorge du premier venu. Le jour de l'inauguration du Salon, la mère me demanda doucereusement au téléphone s'il y avait moyen de dire un mot à Olga. Quand celle-ci raccrocha, elle était rouge d'excitation. (Je me suis demandé par la suite si son maudit chameau de mère ne lui avait pas parlé de la rencontre qu'elle avait combinée avec une de ses meilleures relations d'affaires.) Sa mère l'avait invitée à venir trinquer avec leurs invités à l'inauguration de leur stand. Elle s'empressa de mettre sa belle robe rayée et je restai auprès de ma statue, les mains barbouillées d'argile, de sorte que je ne pus même pas la serrer dans mes bras au moment de son départ. Vers six heures, elle me donna un coup de fil. Sa voix dénotait le même enthousiasme qu'après la conversation avec sa mère. Je m'imaginais qu'elle avait picolé. Ils allaient manger quelque part. Si le cœur me disait d'être de la partie ?... Je verrais bien qui étaient ces « ils ». C'est ainsi que je débarquai dans un restaurant indonésien, à une longue table occupée par des gens que je ne connaissais pas et parmi lesquels Olga semblait parfaitement à l'aise. Du moins prenait-elle part de bon cœur aux papotages. De temps à autre, je jetais un regard de côté pour m'assurer que c'était bien elle qui était assise non loin de moi, car je me sentais étranger parmi eux. Entre-temps, d'affables serveurs indonésiens à turban de batik se penchaient entre les convives et déposaient sans bruit de grands et de petits raviers près des assiettes. Le macaque leva un verre et bredouilla quelques phrases en langue wouah-wouah. On applaudit prématurément et, l'air furieux, il vida son verre d'un trait et le déposa sur la table. Du coup se déclencha le cliquetis infernal des couteaux et des fourchettes. Personne ne disait plus mot. Tous se bourraient la panse. Chaque fois que je levais les yeux, mes regards tombaient sur la gueule du macaque qui enfournait les morceaux de viande d'une brochette de façon si dégueulasse dans son gouffre qu'il me faisait penser à un reptile reprenant haleine avant d'engloutir la moitié de la proie trop grosse qui lui sort encore de la gueule. Il avait fait une ratatouille de tous les mets, de sorte que le contenu de son assiette ressemblait aux indéfinissables vomissures d'un singe. Je promenai mes regards autour de la table et m'aperçus que l'escogriffe de mes deux, assis à côté de la mère parce qu'il était son meilleur client, flirtait ouvertement avec mon Olga par-dessus les assiettes, les raviers et les verres à moitié vides, en affichant un sourire de mastiqueur de chewing-gum. Et qu'elle répondait à ses avances. Nom de Dieu ! Je le sentais. Je le devinais en le regardant. Je supposais qu'ils se faisaient du genou. Mes mains tremblaient et il m'était impossible d'avaler une bouchée de plus. Je sentais naître l'envie de me lever d'un bond et de couper court au festin en arrachant brusquement la nappe. On aurait dit qu'Olga devinait ce bouillonnement en moi. Sans mot dire, sans oser me regarder, elle se leva et se dirigea vers les toilettes. L'instant d'après, l'autre prit le même chemin. Je savais qu'il l'attendrait dans le couloir mal éclairé, près du vestiaire. Qu'il l'enlacerait là-bas. Je voyais ses sales pattes moites frôler le tissu de sa robe. Je ne savais que faire. Je ne pouvais pourtant pas sauter à la gorge de ce type parce qu'il allait aux W.-C. Je sentais la complicité de tous les convives. L'hostilité générale à mon égard se manifestait par des chuchotements et des rires étouffés. J'étais tenté d'entonner à haute voix la version du père de *La Marche de Radetzky :* « Nichons con, nichons con, nichons con, con, con. » Ou bien de faire circuler la photo que l'ignoble harpie avait fait faire lorsque la toilette funèbre de son mari avait été terminée et de dire : « La belle photo ! Il a l'air si paisible. Seulement, il est regrettable qu'il ait bougé. » Cependant je restai collé à ma chaise, figé, les poings serrés sur la table, de part et d'autre de mon assiette. Je les vis revenir, passer entre les tables ; lorsqu'ils arrivèrent près d'un palmier, il lui céda le passage et sa main frôla sa croupe, comme si Olga était déjà sienne, mais son sourire hypocrite resta accroché à sa bobine. Il lui emboîta le pas, recula sa chaise, ébaucha un geste élégant et avança la chaise au moment où elle s'asseyait. Je savais qu'il reluquait avec convoitise ce beau cul s'installant sur le siège. Les convives échangeaient des clins d'œil et riaient sournoisement, tandis que le petit comptable chauve, qui avait l'air d'un cancrelat en queue-de-pie et ne s'était pas lassé de seriner à la mère que la place d'une jeune femme née dans le monde des affaires n'était pas dans le milieu misérable des artistes, le petit comptable toussotait à dessein pour qu'on sache bien que sa pauvre cervelle-calculatrice saisissait parfaitement ce qui se tramait. J'avais l'impression que mon sang s'était retiré de mes veines, ma tête était froide comme glace, je serrais les poings sur mon estomac pour en réprimer les spasmes. Tout à coup, je lus dans les yeux de mon vis-à-vis, le macaque, ce qui allait se passer avant que je m'en rendisse compte moi-même. Effrayé, il arqua ses sourcils broussailleux à tel point que la peau molle et ridée de son front s'entassa à la naissance de ses crins gras. Un jet de vomissure jaillit de ma bouche. J'apercevais des éclaboussures sur les assiettes et sur les verres. Et sur les vêtements de ceux qui étaient assis en face de moi. Le gorille en avait même reçu quelques-unes, larges comme des pièces de monnaie, en pleine trogne. Les femmes poussaient des cris, tous déposaient leurs fourchettes et s'arrêtaient de ruminer, car la pâture s'accrochait derrière leurs dents comme ladite vomissure. Les serveurs à turban accouraient mais ne savaient trop comment laver ce cochon. Une nouvelle vague, rougeâtre comme du potage aux tomates, s'échappait de ma bouche et s'étalait sur la nappe, telle une crêpe gigantesque au milieu de laquelle nageait un agglomérat excrémenteux de morceaux de viande, de bouts de bambou et de restes à demi digérés du gendarme grillé que j'avais bouffé à midi. Une puanteur aigre se répandait dans le restaurant. On avait cessé de manger à toutes les tables, on regardait ce margouillis poisseux avec répugnance. L'âcreté à la racine de mon nez m'arrachait des larmes. On secoua ma chaise et le gérant, détournant la tête, me demanda si je ne trouvais pas qu'il était temps de disparaître dans les toilettes. Sans essuyer mon visage avec ma serviette, je me levai et passai entre les tables en direction de l'endroit indiqué. Je savais qu'on me suivait des yeux. J'entendais des chuchotements. Mais je ne voyais rien. Dès que je me fus soustrait aux regards, je me mis à tituber dans le couloir conduisant aux toilettes. Je dus m'appuyer contre le mur, sinon mes genoux auraient fléchi. Arrivé sur place, je m'approchai d'un lavabo et, appuyant mes bras tendus sur la cuvette, je me regardai dans la glace. Je me fis peur. Mon visage livide était transparent et j'avais des orbites à la Buster Keaton. Une traînée sordide reliait un coin de ma bouche à la pointe de mon menton. Je me trouvais un air excessivement grave. Un nouveau jet n'allait pas tarder à prendre l'ascenseur. Je ne penchai pas la tête sur la cuvette mais le lançai de plein fouet sur la glace. Je n'attendis pas que mon visage reparaisse à travers les dégoulinades. Je bus une gorgée d'eau et me rinçai la bouche pour en chasser les restes aigres. Puis j'allai dans le coin et pris l'essuie-mains pour nettoyer mon visage et mes vêtements. Et le macaque entra. Il ne m'aperçut pas. Il s'approcha du lavabo que je venais de souiller. Et je compris pour la première fois ce qu'il disait. Il lança un « merde ! » retentissant et se dirigea vers un autre lavabo. L'instant d'après, le petit comptable chauve en queue-de-pie éclaboussée s'amena à son tour. Derrière mon dos, je l'entendis dire au macaque : « Ici aussi c'en est plein, c'est répugnant. » Je sortis et, dans le couloir étroit, faillis me heurter à Olga qui précédait sa mère. Elle ne me regardait pas et essayait de passer devant moi pour se rendre aux toilettes réservées aux dames.

Soudain, je lançai mon poing. Il atterrit sur son œil. Elle recula contre le mur et resta là, tête penchée, comme si elle ne voulait pas cacher par un éclat de rage que tout ce qui venait d'arriver était de sa faute. Par contre, la mère, brandissant son sac, essaya de me barrer le chemin. Je tendis le bras pour l'écarter et ma main disparut dans le néant laissé par son sein amputé sous le tissu raide du soutien-gorge. Tout à coup, je perdis le contrôle de mes nerfs. Je traversai le restaurant au pas de course en direction de la sortie. J'entendis sa voix croasser, dominant les autres bruits : « Le voyou ! » J'entrevis, l'espace d'un éclair, tous les convives debout derrière leur chaise, tandis que les têtes à turban se hâtaient de débarrasser la table. Je traversai le hall au galop, m'arrêtai sur le trottoir et montai calmement dans un taxi qui venait de débarquer un couple de clients indonésiens pour le restaurant. Abruti de désespoir, je me jetai sur mon lit, et j'ignore si j'avais dormi ou si j'avais été à moitié inconscient lorsqu'elle me téléphona au milieu de la nuit. Elle me dit que je devais comprendre qu'elle ne rentrerait plus chez moi. Qu'elle était horrible à voir avec son œil au beurre noir, et que c'était le deuxième dont je l'avais gratifiée en l'espace de deux ou trois mois. (C'était vrai, en effet. Une nuit que nous rentrions d'une fête par le quartier chaud, elle était allée appuyer son corps soûl contre un barbeau qui l'avait aussitôt estimée bonne gagneuse. J'eus du mal à lui faire lâcher prise. Comme il était trop dégonflé pour se battre, c'était elle qui avait encaissé une beigne sur l'œil. Moins forte cependant que la seconde.) Un froid glacial me saisit. Je lui répondis qu'elle ne devait pas se gêner pour passer la nuit avec son chéri de mes deux à l'hôtel d'où elle me téléphonait. Qu'elle n'avait même pas besoin d'invoquer son œil au beurre noir en guise d'excuse. Que je lui souhaitais d'être très heureuse avec ce type marié, car j'avais remarqué la trace d'une alliance à l'annulaire de ce faux jeton. Qu'elle n'avait qu'à fouiller dans sa poche, demain matin. Qu'elle ne manquerait pas d'y pêcher son alliance. J'avais mis dans le mille. Elle raccrocha aussitôt. Et je soulageai ma rage et mon désespoir dans un accès de vandalisme. Je saisis l'une après l'autre les études et les statuettes que j'avais faites d'elle et les mis en pièces en les flanquant par terre. Des éclats de plâtre s'envolèrent contre les fenêtres et jusqu'au plafond. J'arrachai les dessins du mur, les déchirai, et les piétinai par-dessus le marché. Si j'apercevais un fragment de plâtre accusant encore quelque ressemblance avec elle, je le pulvérisais à coups de talon. Quand tout y fut passé, je promenai mes regards sur le monceau de ruines, épuisé et haletant. Et je retrouvai mon calme. J'avais l'impression d'avoir divorcé d'avec le passé. D'être complètement vidé. Soudain, j'aperçus le chat qui, réfugié dans un coin, sous une chaise, me regardait de ses grands yeux angoissés. J'allai le prendre, m'allongeai sur le lit et le serrai contre ma poitrine. Et je m'endormis.

Le quartier général des sorcières

Pendant les premières semaines qui suivirent ces événements, je traînais dans mon lit, laissant libre cours à mes rêves de vengeance. Je leur assenais des coups de barre de fer sur le crâne au point que leur cervelle jaillissait à la ronde comme de la morve ; je leur appuyais un gros revolver à air comprimé sur la tempe ; je les enfermais dans une auto que j'avais détraquée auparavant et qui sombrait dans le canal Amsterdam-Rhin tandis qu'ils tambourinaient désespérément de leurs poings sur les vitres et que le sillage des navires effaçait les traces du crime ; j'ai traîné leurs cadavres sur la plage vers un endroit où nul ne les aurait découverts, je les ai laissé déchiqueter, réduire en bouillie par un train à un passage à niveau non gardé ; je les ai lynchés, roués et torturés dans une cave ; je les ai fait disparaître de la terre à coups de pied, ne laissant que les empreintes profondes de mes semelles sur le sol. Cependant, la seule chose que les hallucinations démoniaques m'aient fait comprendre, c'est qu'en la perdant irrévocablement, c'était moi le perdant. Qu'il ne me restait qu'à me branler, le regard rivé sur ses photos, lorsque mes accès de vengeance, de haine et de rage s'effaceraient devant la passion brûlante qui me rendait malade. Et lorsque je poussai un dernier râle, le château de cartes s'effondra et je me retrouvais seul, face à face avec moi-même entre mes draps souillés. Quand je n'y tins plus, je m'enfuis de ce trou puant, après avoir flanqué à la poubelle les crottes de chat et les éclats de plâtre, le vase puant avec les fleurs pourries collées au verre, les plantes desséchées et les oignons dont les pousses d'un demi-mètre avaient envahi la table de la cuisine. Et je me rendis à Rotterdam. J'avais appris l'adresse du type, et je ne crois pas que j'y allais dans l'intention de me bagarrer ou de discuter. Je voulais simplement voir la maison où il nichait. Jeter un coup d'œil à l'intérieur. Essayer de découvrir les dessous de l'affaire. Savoir ce qui avait poussé Olga dans les bras de cet homme. Peut-être aussi espérais-je surprendre un reflet furtif de leur bonheur et de leur amour. J'attendis la tombée de la nuit dans un café du voisinage. Je m'engageai dans leur rue, cherchai le numéro et m'assurai qu'il y avait une plaque portant son nom sur la porte. Détournant la tête, je passai devant la fenêtre éclairée, traversai la rue, retournai sur mes pas et, de l'autre trottoir, jetai un regard à l'intérieur. Je crus que je m'étais trompé de maison en apercevant une femme et un enfant attablés. Je retraversai la rue et m'arrêtai devant la fenêtre. C'était une femme ayant dépassé la trentaine. Elle avait l'air d'une Mère Michel. Soudain, je sursautai. Le gosse assis à ses côtés était un handicapé. Un mongolien aux gestes saccadés. Un grand malaise m'envahit. J'étais troublé. Je n'avais pas le cœur d'attendre le tram sous le refuge. Je hélai un taxi, me fis conduire à la gare et m'engouffrai dans le premier train pour Amsterdam, car j'avais l'impression que cette vision navrante me poursuivait. Un peu plus tard, entre deux débordements érotiques (Est-ce que je sais ce que je fais dans mon chagrin ?) – Bella Ceci qui exigeait que je lèche sa fente en claquant la langue avant de me laisser y aller, et Irène Cela qui tenait à mordiller mes couilles avant de passer à la casserole –, je formai, le cœur battant, le numéro d'Olga. J'eus sa mère au bout du fil et elle me déclara ne pas comprendre que je fusse assez insolent pour téléphoner après tout le mal que j'avais fait à sa fille. Je répliquai que sa fille était encore ma femme et que, si elle était décidée à m'abandonner définitivement, nous avions bien des choses à régler en vue du divorce éventuel. Sur ce, elle me passa Olga. Celle-ci parlait d'une voix sourde. Je lui demandai prudemment comment elle allait. Elle répondit qu'elle n'y voyait pour ainsi dire rien de son œil abîmé. Je répliquai qu'elle l'avait bien mérité. Un long silence se fit, je craignais qu'elle ne raccrochât brusquement. Elle me demanda pourquoi je lui téléphonais, en fin de compte. Que c'était quand même fini entre nous. J'objectai que c'était précisément cela que je trouvais insensé, après tant d'années de vie commune. Que c'était impossible. Qu'en tout cas, je tenais à lui parler. Que j'en avais le droit, qu'elle ne pouvait refuser. Après une longue discussion absurde, agrémentée de reproches réciproques, elle acquiesça. Et me voilà dans le train qui me conduisait à Alkmaar par une sale journée de mai froide et pluvieuse, à travers un paysage de pâturages marécageux. Je me disais que la meilleure solution consistait à la ramener ou à l'étrangler. De fait, j'avais l'aspect d'un étrangleur lorsque je m'engageai dans leur rue. Mouillé comme un canard, des mèches collées sur mon front jusqu'aux sourcils. Avant de tourner le coin, j'avais allumé une cigarette malgré la pluie battante, sous un porche, de sorte que j'avais de nouveau une belle tête d'arsouille. C'est que la pitié est la pire ennemie de l'amour. Elles étaient postées à la fenêtre, Olga et sa mère. La vieille vache avait certainement donné des instructions précises à sa fille. Leur attitude le dénotait. Et je me rendis compte d'emblée que toutes deux m'observaient de la même façon. Comme si j'étais une proie. Plus de traces d'œil au beurre noir. Levant les yeux et m'efforçant d'accompagner d'un ricanement ma cigarette mouillée, je songeai : le quartier général des sorcières. (Expression empruntée au père d'Olga. La première fois qu'il l'avait promenée à Amsterdam, ils étaient passés devant le gratte-ciel couronné de la fumée épaisse du chauffage central s'échappant de la cheminée, et il lui avait dit que ce bâtiment abritait le quartier général des sorcières. En outre, il lui avait fait croire que la tenancière du magasin de cigares gardait son mari paralytique prisonnier dans une boîte glissée sous le comptoir.) Quand je fus assis en face d'Olga dans la salle de séjour – sa mère ne se montrait pas, mais je la sentais à l'écoute, ses oreilles de vipère tendues, prête à entrer en trombe à la moindre algarade –, aucun de nous deux ne savait vraiment que dire. Elle était vêtue d'une robe de confection qui ne lui seyait guère. Je me demandais ce qu'elle avait fait de sa robe rayée. Peut-être la honte avait-elle poussé Olga à la jeter à la poubelle. Parce qu'elle ne se sentait plus une pomme essuyée à briller dans ce vêtement. D'ailleurs, la robe n'était probablement plus à sa taille. Elle avait maigri et je le lui dis.

Avec autant de maladresse qu'une première gentillesse. Elle répondit que pierre qui roule n'amasse pas mousse, et la conversation tarit un bon moment. Je me levai, m'approchai de la fenêtre et regardai les authuriums en fleur que son père appelait « biroutes sur un plateau ». Je braquai mes yeux sur le porche d'en face où je m'étais posté, bien des années auparavant, dans l'espoir de l'entrevoir et je pensai qu'au bout de ce long espace de temps je l'aimais encore aussi follement et que cet amour subsisterait à jamais. Qu'il ne me passerait pas. Je serrais les poings en songeant que tout était irrémédiablement foutu à cette heure. Lui tournant le dos, je me mis à lui adresser des reproches d'une voix frémissante. De temps à autre, elle m'interrompait par une exclamation. D'une voix dure et hargneuse que je ne lui connaissais pas. Cela dégénéra en une dispute exaspérée à laquelle je mis brusquement fin parce qu'elle anéantissait la dernière chance d'une réconciliation. Je pivotai sur mes talons et m'approchai d'elle. Prise de peur, elle recula et je lus sur son visage qu'elle était sur le point de crier « Mère » ou « Maman ». Je me précipitai et empoignai ses bras. Elle n'osa plus crier mais jeta vers la porte des regards chargés d'angoisse. J'étais consterné et les larmes jaillissaient de mes yeux en remarquant son orbite encore jaunâtre et son air si craintif. Comme un animal apeuré qui se rend compte qu'il ne saura pas s'échapper. Je serrai moins fort ses bras et penchai mon visage vers elle. Elle rejeta la tête en arrière et la cogna à la porte de l'armoire. J'essayai de l'embrasser mais elle chuchota d'un ton hystérique : « Cette bouche a été embrassée par un autre, je te dis. Un autre m'a embrassée sur la bouche. » Je collai ma bouche sur ses lèvres molles et douces. Son corps était également sans force. Comme si elle allait s'affaler par terre si je la lâchais. Mais elle serrait les dents. Je ne parvins pas à toucher sa langue. Soudain, la mère toussota deux ou trois fois derrière la porte. « Voulez-vous du thé ? » demanda-t-elle de sa voix perfide. Oui, nous voulions du thé. Nous parlâmes ainsi plusieurs heures d'affilée. De tout ce qu'il aurait mieux valu ne pas aborder. Car discuter de certaines choses prouve que la bonne entente n'est plus parfaite. Et il est trop tard. Discuter ne sert plus à rien. Nous discutâmes pourtant sans arrêt, tant et si bien que ma bouche était roide et que je ne sentais plus ma langue desséchée. À un moment donné, sa mère, sans se montrer, avait poussé dans la pièce une table roulante chargée de petits sandwichs. Je mâchai les miens avec peine, car la bouffe préparée par cette chipie me retournait l'estomac. Ensuite, nous reprîmes la conversation. À la vérité, je n'arrêtais pas mon moulin à paroles. Parlant de sa mère, je baissai la voix pour dire, l'index vengeur tendu vers la porte comme si tout le mal qui nous menaçait se trouvait là, que cette vache était la cause de tout, qu'elle lui avait monté la tête parce que son commerce profiterait d'un mariage avec cet homme. Pâle et obstinée, Olga me contredisait parfois. Cependant, elle m'écoutait la plupart du temps, se bornant à secouer la tête lorsqu'elle n'était pas d'accord avec ceci ou cela. Je lui portai quelques solides coups bas en lui parlant de son père. Qu'il m'aimait beaucoup et se fichait complètement de la question pécuniaire, la sachant heureuse. Qu'il devait se retourner dans sa tombe. J'avais lâché le mot avant de songer que ses cendres étaient enfermées dans une urne. Mais il fallait mener l'attaque à fond. Je devais parvenir à l'attendrir. Percer la couche dure dont sa mère l'avait caparaçonnée à force d'ignobles manœuvres. Je regardai la fenêtre et me tus un instant, puis j'affirmai que je revoyais nettement son père posté à la fenêtre, scrutant le ciel pour supputer le temps qu'il allait faire. Et qu'il avait dit, un jour où il revenait de Den Helder, le long du Noordhollands-kanaal, sous une pluie battante : « Il pleuvait si fort que les poissons ne se rendaient pas compte qu'on les attrapait. » Soudain, ses joues s'inondèrent de larmes. Mais il faut croire que la mère avait deviné le danger qui menaçait sa fille, car juste au moment où je déclenchais une nouvelle offensive et où Olga, les yeux rougis, était sur le point de s'avouer vaincue et de me dire qu'elle allait rentrer avec moi, la harpie frappa à la porte, criant que je devais vider les lieux. Que cela avait assez duré et qu'il était temps pour elles d'aller au lit. Levant les yeux sur l'horloge, je constatai que je n'avais plus de train pour rentrer chez moi. Le chameau aurait voulu me jeter tout bonnement à la rue, mais après qu'elle eut palabré avec Olga dans le hall, à voix si basse que je ne compris pas un mot, même en collant mon oreille à la porte, on me permit de passer la nuit sous leur toit. Tout en haut, dans la chambre d'amis. L'ancienne chambre d'Olga. Rien n'y avait changé. Il faut croire que la vieille n'avait jamais renoncé à l'idée que sa fille se réfugierait un jour *Sous les ailes de maman*. (Cet ouvrage se trouvait encore sur l'étagère.) Je disposai mes vêtements sur la chaise aux pieds bizarres où elle s'installait autrefois pour lire, rouge d'excitation, *Petite tête de mule*, notamment le passage où celle-ci coupe ses nattes, à l'internat. J'examinai le rideau, dans l'espoir de retrouver l'endroit où elle avait donné un coup de ciseaux, le jour où elle et une amie avaient renversé une petite voisine boulotte sur le lit et lui avaient enlevé sa culotte. Sa mère était entrée à l'improviste avec un plateau de langues de chat. Gênée ou honteuse de la fillette dodue à moitié dévêtue, Olga avait pris une paire de ciseaux et fait une entaille dans le rideau. Carrément, au vu et au su de sa mère. Elle avait encaissé alors une tripotée maison. Je ne retrouvai pas le trou. On avait dû changer les rideaux, ou bien cela s'était passé dans la maison le long du canal dont l'eau, disait-elle, faisait miroiter le plafond, ce qui produisait un effet apaisant. Elle ne se lassait pas, étendue sur le lit, de contempler ce spectacle des heures d'affilée. Au milieu de la nuit, j'allai pousser la porte de la chambre à coucher d'Olga, mais elle était fermée à clef, comme je l'avais prévu. Je grattai doucement mais, tandis que je frappais plus fort, j'entendis la mère tourner le commutateur de sa chambre. Je m'empressai de disparaître dans les chiottes où il y avait encore, collée sur la porte, la feuille de papier sur laquelle son père avait écrit en gros caractères d'imprimerie mal formés : *DO YOU WANT A COLD SURPRISE ? PULL THE CHAIN BEFORE YOU RISE*[1]. On n'était probablement pas parvenu à la décoller, sinon elle aurait certainement disparu en même temps que le fauteuil à morve. Sachant que nul n'avait encore donné suite à cette suggestion malicieuse, je restai accroupi sur le siège et tirai la chasse, puis j'allai me recoucher, le derrière trempé et refroidi. Je ne parvins pourtant pas à

1. « Voulez-vous une surprise bien fraîche ? Tirez la chasse d'eau avant de vous relever. »

trouver le sommeil. Toute la jeunesse d'Olga était évoquée dans cette chambre garnie de ses bibelots de jadis, de ses livres rangés sur l'étagère et, au-dessus de ma tête, sur la tablette du lit pliant. Les animaux en peluche qu'elle avait dorlotés, ses petits vases et le reste. Pas une seule poupée. Pauvre animal roux. Je revoyais ses photos de jeunesse. Ses incisives cassées qu'elle ne parvenait pas à dissimuler parce qu'elle ne pouvait s'empêcher de sourire au photographe. J'entendais les gamins de sa classe crier : « La Veilleuse », et Pierrot Golhof dire lascivement, tandis qu'il s'efforçait de glisser ses doigts entre ses cuisses serrées : « Le onzième doigt de Jeannot dans la deuxième bouche de Mariette. » Je les voyais, elle et ses amies, dans ce même lit, se glisser l'une sur l'autre et s'amuser au jeu de la pine cassée qui consistait à modeler une verge en pâte à modeler pour l'une des filles. C'était dans cette chambre qu'elles avaient entonné en chœur la chanson du maître d'école qui leur apprenait à faire l'amour dans le local de gymnastique et y allait de si bon cœur qu'il usait la toison de toutes les filles, tandis que les grands dadais avec leurs grosses bittes lui demandaient s'ils pouvaient remettre ça parce que c'était si bon. J'entendais de nouveau Nancy, qui avait passé ses vacances chez une tante habitant le quartier chaud d'Amsterdam, lui confier à voix basse : « Ils sortent le visage en feu. Ils titubent sur le perron. J'arriverai bien à savoir ce que cela signifie. » Et j'entendais encore son père dire de sa voix d'asthmatique quand il entrait bruyamment dans sa chambre, essoufflé d'avoir fait sa promenade dans le parc et d'avoir monté l'escalier, exalté comme un gosse : « Le cygne noir est venu manger dans ma main. »

Cela s'était gravé dans sa mémoire parce qu'elle était indisposée pour la première fois à ce moment et qu'elle était cloîtrée dans sa chambre, car sa mère était sortie et elle ne savait que faire. Je m'assoupissais par moments mais me réveillais tout le temps, lubrique comme un bouc. Je m'imaginais sentir son entrejambe à plusieurs mètres de distance, comme les chiens. Toutefois, je n'osai plus aller gratter à sa porte. Car je savais que la mère, cette chienne d'enfer, allongée sur son lit, tendait l'oreille. Des hallucinations cauchemardesques hantaient ma tête engourdie de sommeil. J'entendais tirer la chasse d'eau, je descendais à pas de loup et l'empoignais dès que les bouts de mes doigts frôlaient le tissu moelleux de sa chemise de nuit. Et ce n'était qu'après avoir déchiré le vêtement en lambeaux au cours d'une lutte et pendant que je tirais mon coup que je me rendais compte que je passais la vieille drôlesse répugnante à la casserole. C'est elle que je vis la première lorsque, mal à l'aise d'avoir passé une nuit blanche, je jetai un coup d'œil par la fenêtre. La tête hérissée de papillotes, elle se promenait, telle une Méduse, sur le gazon, entraînant sa chienne gavée qu'elle protégeait à l'aide d'un manche à balai, car le cabot était en chaleur. Je descendis en toute hâte et tournai la poignée de la porte de la chambre d'Olga. Elle était ouverte. Olga dormait exactement comme autrefois, le pouce dans la bouche et la croupe en saillie, occupant le lit sur toute sa largeur. J'enlevai mes sous-vêtements et me glissai à côté d'elle. Je la repoussai doucement jusqu'à ce qu'elle se trouve sur le dos. Sa chemise de nuit avait glissé vers le haut à force de tourner autour de son torse comme la draperie d'une déesse du Parthénon. Je m'allongeai sur elle, mes genoux écartèrent petit à petit ses cuisses et je la pénétrai. Au début, elle ne réagit pas, elle resta étendue, molle et paresseuse, mais ses lèvres poisseuses, d'où son pouce s'était échappé, se retroussèrent voluptueusement. Pourtant, elle se raidit soudain, avant même d'ouvrir les yeux. Je l'enlaçai aussitôt et collai ma bouche sur la sienne. Non seulement pour l'embrasser, mais surtout pour l'empêcher de crier. Je ne cessai de la marteler sauvagement pendant cette lutte de la bête à deux dos quelque peu hasardeuse. Au moment où sa bouche échappa à la mienne, je me dis qu'elle allait gueuler. Cependant, elle se borna à me menacer d'appeler sa mère si je ne la lâchais pas et ne disparaissais pas sur-le-champ. C'était idiot. J'éclatai d'un rire si violent que ma verge faillit quitter sa fente. Je lui dis que hurler ne servirait à rien parce que l'autre promenait le chien. Elle se détendit et me laissa faire. Elle se mit à crier d'une voix assourdie, aussi hystérique que la veille, qu'un autre l'avait possédée. Et moi de lui répondre en chialant que je m'en foutais éperdument. Que je l'aimais à la folie, au point que je serais capable de lécher le jus de ses amants dans son con. Mes propos l'excitaient de plus en plus, elle se laissait aller. Je modérai mes transports, car j'entendais lui laisser un souvenir impérissable. Elle se remit à crier que je devais faire attention. Surtout en ce moment. Elle ne saurait même pas qui l'avait engrossée, le cas échéant. Malgré cela, je ne m'arrêtai pas. Elle ne résistait plus, s'abandonnait tout à fait. À l'instant où nous étions sur le point de jouir, on tambourina à la porte. Le corps d'Olga se figea. Ses muscles se contractèrent, mais ma pine resta en place. La mère entra tel un ouragan, gueulant. Elle se mit à taper comme une idiote sur les couvertures, on aurait cru qu'elle manifestait sa douleur exagérément, à l'orientale, hurlant que j'étais un voyou, un violeur, et qu'elle appellerait la police si je ne m'en allais pas tout de suite. Puis elle retira les couvertures. Au même moment, je sentis mon membre dur comme fer décharger dans le corps raidi d'Olga au rythme des battements de mon cœur. En dépit de son angoisse et de sa crispation, elle gémissait près de mon oreille : « Aaaah. » Il faut croire que mes fesses serrées révélaient à la mère que je lâchais mon sperme dans le ventre de sa fille, car elle empoigna mes chevilles à deux mains et les secoua en tirant dessus. Allongée sous moi, Olga reprit la lutte et cogna des deux poings sur ma poitrine. Je me dégageai à coups de pied, ramassai en hâte mes vêtements sous le lit et quittai précipitamment la chambre avec ma pine dégoulinante de sperme. Avant de claquer la porte, j'entrevis Olga assise sur son séant, les genoux relevés et les bras protégeant sa tête, comme si elle craignait de recevoir une volée. Malgré le bruit de l'eau jaillissant du grand robinet, la voix stridente de la maudite mégère me parvenait dans la salle de bains. J'avais l'impression d'être un triomphateur et je débordais d'allégresse. Parce qu'elle avait râlé de plaisir en présence de sa mère. Lorsque je me fus baigné dans une montagne de mousse et fis ma réapparition, ressuscité et habillé, la mère, pâle de rage, m'attendait dans le hall. Je déclarai que j'entendais prendre congé d'Olga et me dirigeai vers sa chambre. L'autre essaya de me barrer le chemin, les lèvres livides pincées. Je l'écartai, mais en pure perte, car la pièce était de nouveau fermée à clef. Je frappai, donnai des coups de poing sur la porte, l'appelai par son nom et, comme elle ne répondait pas, je me mis à crier. Entre-temps, la mère ne cessait de recommander à sa fille de ne pas répondre à ce mufle. Puis elle se précipita dans la salle de séjour et revint se poster sur le seuil, le téléphone dans la main, menaçant d'appeler la police si je ne déguerpissais pas incontinent. Je criai encore à Olga que je lui donnerais un coup de fil, qu'elle ne devait pas se laisser emprisonner par sa mère, qu'elle devait revenir chez moi. Que je l'aimerais toujours et l'attendrais. Puis je quittai cette maison où je n'ai plus jamais remis les pieds. Non sans avoir lancé à la pâle sorcière cancéreuse qu'elle voulait faire une putain de sa fille en la proposant au plus offrant, et d'autres paroles vengeresses.

César et Brigitte Bardot

L'homme est un être perfide. Je faisais tout mon possible pour la reconquérir. Tentatives désespérées du moment où l'amour n'est plus partagé. Lorsque je la vis arriver de la fenêtre du café où je l'attendais, je me précipitai vers le juke-box et mis le disque *Oh ! Suzanna !*, air reproduit par des glapissements de chien et que son père aboyait à satiété en se traînant dans la maison. Je l'avais déjà mis une fois, car j'étais arrivé une heure trop tôt avec, dans ma poche, une enveloppe de papier bulle contenant notre livret de mariage, notre contrat et six cents florins. Nous étions convenus par téléphone que chacun paierait trois cents florins à l'avocat, mais j'étais convaincu que la mère s'arrangerait bien pour que sa fille n'ait pas un sou à débourser. J'avais relu le contrat de mariage une vingtaine de fois au moins. La triste énumération des biens apportés par la future épouse « dans la communauté ». Une machine à coudre électrique (bazardée à une amie pour moins que rien), un divan avec housse et autres accessoires (elle-même, sans doute), un certain nombre de fourchettes, de cuillères et de couteaux (marque de fabrique Adolf H. ou *Gott mit uns*). « La femme gérera ses biens mobiliers et immobiliers et aura la libre jouissance du rapport... » Elle n'a pas tardé à user de ce droit, me disais-je en la voyant entrer au café, poursuivie par le battement de la porte à tambour. Ses cheveux ruisselant sur ses épaules ressemblaient à un écran roux largement déployé. Elle était vêtue d'un tailleur rouge bordé de fourrure blanche. Soldes d'hiver. Elle avait certainement chaud dans ce vêtement. M'apercevant, elle fonça sur moi sans jeter un regard autour d'elle. Comme un chat qui guette une proie et ne prête attention à rien d'autre. Les hommes levaient les yeux de leur journal. Sa toilette leur en disait assez. Ils la prenaient pour une dame pas trop farouche. Une provinciale à la dérive. Elle s'arrêta à ma table. Elle ne voulait pas prendre un café. Il valait mieux y aller tout de suite. Et, pendant qu'elle y pensait, elle n'avait pas trouvé trois cents florins. Par conséquent, elle me pria de les lui avancer. Elle s'engagea aussitôt dans le tambour et l'envie me prit d'avancer mon pied et de la laisser supplier, cogner et crier dans cette cage de verre jusqu'à ce que les garçons et les lecteurs de journaux vinssent la libérer. Parce que son tailleur lui donnait un air bête et irréel. Lorsque nous fûmes dans la rue, je lui dis que c'était la première fois que je la voyais habillée de rouge. Elle répondit qu'on en papotait à Alkmaar. « As-tu déjà vu Olga ? » Et qu'elle s'était habillée de brun pendant un bon moment. Comme je lui rappelais qu'il y avait à peine quelques mois qu'elle m'avait quitté, elle répondit en riant qu'elle avait des périodes, à l'instar de Picasso. Je lui demandai ce qu'était devenue sa robe rayée, et elle répondit qu'elle en avait fait cadeau à la servante. Qui en était très heureuse. Seulement, elle avait dû la rétrécir sensiblement.

Lorsque nous arrivâmes sur le perron de l'avocat, j'eus enfin l'occasion de l'observer à mon aise, car elle avait marché d'un pas précipité, et je comprenais à quoi il fallait attribuer le bizarre aspect qui portait à croire qu'elle avait perdu sa personnalité. Pas seulement à ses vêtements. Surtout à son visage. Je ne voyais plus de taches de son. Je n'avais pas encore remarqué que sa belle peau rose, mouchetée jadis d'une multitude de petits points roux, était barbouillée d'une épaisse couche de fond de teint brunâtre arrêtée à la diable dans son cou, de sorte que sa peau semblait à cet endroit bleuâtre et flétrie. J'étais sur le point de faire une remarque à ce sujet, car il y avait de quoi pleurer, mais je me tus. Cela ne me regardait plus. À cette heure, elle gérait elle-même ses biens immobiliers et mobiliers. Elle avait le droit de se couvrir le visage de pâte ou de s'affubler des robes grises plissées de sa mère pour se promener dans les rues. Elle leva un regard sur moi et aperçut les larmes qui gonflaient mes yeux. Évidemment, elle ignorait que je pleurais de rage impuissante. À cause de ce maquillage, à cause de cette blanche fourrure de lapin et des embêtements qui me faisaient chier. Aussi dit-elle, juste avant que la porte ne s'ouvrît : « Il le faut, mon vieux. Il le faut. » L'ordure d'avocat nous précéda dans son bureau. C'était un colosse mollasson noyé dans sa graisse, au ventre pareil à un tonneau de bière, dont la ceinture retenait les bourrelets. Doté d'une bouche d'un rose clair aux lèvres humides de salive au milieu d'une barbe fournie parsemée de croûtes. Je l'avais déjà vu dans le centre-ville. C'était un habitué des cafés fréquentés par les artistes. Je dus d'abord cracher les six cents florins, puis il me fourra dans les mains une porcelaine de Saxe, un berger et une bergère, probablement parce que j'étais sculpteur, et me demanda combien il pouvait en exiger, car il avait l'intention de la vendre. Je jetai un regard absent sur la mièvre porcelaine et la remis sur le manteau de la cheminée, disant que je réclamais des honoraires plus élevés que les siens pour mes services. Il cacha son dépit en éclatant d'un rire bon enfant qui secouait sa bedaine, puis il humecta son pouce énorme en le passant sur ses lèvres, se mit à feuilleter un dossier et marmonna de temps à autre quelques mots en postillonnant. J'écoutais d'une oreille distraite en regardant le mur tapissé d'ouvrages de droit, d'un almanach d'étudiant du temps du roi Dagobert et d'une édition de luxe du *Décaméron*. Je levai les yeux sur Olga lorsque j'entendis ce cochon repu grogner : « Requête en divorce pour cause d'adultère commis par Madame. » Elle fixait le plafond comme si cette histoire ne la concernait nullement. Comme si elle écoutait à son corps défendant les confidences des malades dans la salle d'attente d'un médecin. Elle enleva quelques poils de lapin de sa jupe rouge et je remarquai que ses ongles en forme de coquillage étaient vernis de rose. Je pensai alors : Il est certainement délicieux qu'une petite patte pareille vous caresse la biroute. En général, sans penser spécialement à elle. Le paquet de gélatine était prêt, il se carra de toute sa largeur dans son fauteuil, le ventre entre les jambes, tel un moine japonais, et dit en nous regardant à tour de rôle : « César et Brigitte Bardot. C'est vraiment grand dommage. Est-ce que je ne trouverais pas le moyen de réconcilier les tourtereaux ? » Il savait que c'était impossible. Qu'il pourrait garder les six cents florins qui gonflaient son portefeuille. Toutefois, pour se venger de mon refus d'évaluer sa porcelaine bucolique, il glissa au moment du départ dans la main d'Olga un document qu'elle devait me faire signer avant le divorce si j'étais assez bête pour me laisser mener par le bout du nez. Où je déclarais qu'elle n'avait pas commis d'adultère, qu'il s'agissait en fait d'un subterfuge pour obtenir le divorce, ou quelque chose d'approchant. Il ajouta que certains pays refusaient d'accueillir une femme divorcée si elle n'était pas en possession d'une déclaration de ce genre. Entre autres l'Afrique du Sud. Je répliquai que plus un pays était barbare et sanguinaire, plus il était hypocrite en matière sexuelle. Et qu'il ne s'imaginait pas, tout de même, que nous irions dans un pays où l'on traitait comme des bêtes quatre-vingt-dix pour cent de la population. Il objecta sournoisement que dorénavant Madame déciderait elle-même où elle irait. Sur ce, tout était dit et nous nous retrouvâmes dans la rue. Elle voulut s'en aller sur-le-champ de son côté mais, se rappelant la pièce que je devais encore signer, elle accepta ma proposition d'aller boire un verre quelque part. Je hélai un taxi et nous nous fîmes conduire au Vondelpark. Dans les larges allées conduisant à la Rotonde, bordées d'arbrisseaux en pleine floraison, elle faisait ouvertement de l'œil aux hommes que nous croisions et qui sortaient leur chien ou se promenaient seuls. Sans doute pour me narguer et me prouver qu'elle était indépendante, faisait ou ne faisait pas ce que bon lui semblait. Certainement aussi parce qu'elle avait souvent réprimé ses élans et avait du retard à rattraper. Je m'en fichais. Il valait mieux qu'elle essayât de me blesser plutôt que de me témoigner de la pitié. Sans doute le fond de teint excitait-il davantage les mâles que les taches de son. Pour le reste, elle me faisait penser au dessin humoristique représentant une jeune fille sur le seuil du cabinet de consultation, tandis que la salle d'attente s'emplissait d'hommes, qui disait au toubib : « Docteur, j'ai une petite saleté dans l'œil. » Elle cessa de lancer des œillades dès que nous nous fûmes installés à la terrasse, à l'abri de la haie, mais elle se leva d'un bond, disant qu'elle devait donner un coup de fil. Quand elle reparut, elle me prévint qu'elle ne pouvait rester longtemps, on passerait la prendre dans une demi-heure à l'entrée principale du parc. Je lui demandai si c'était pour cette raison qu'elle avait tartiné cette cochonnerie sur sa gueule et elle riposta d'un ton aigre qu'il le fallait bien parce qu'elle avait une mine de déterrée. Elle accepta de boire en vitesse un campari, tandis que je prenais, selon notre habitude, un coca-cola et un verre de jeune genièvre. Tout en sirotant son apéritif, elle sortit le papier, le déposa devant moi sur la table et me pria avec désinvolture de le signer. Je me penchai sur la feuille et fis semblant de lire attentivement le texte. Je me piquai à ce jeu pendant quatre ou cinq minutes, jusqu'à ce qu'elle demandât si je n'avais pas fini. Je lui répondis que je n'avais aucune raison de signer puisqu'elle avait bel et bien commis un adultère, nom de Dieu, mais elle objecta que ça n'avait aucune espèce d'importance. Qu'il ne s'agissait pas de cela. J'étais tenté de lui serrer la gorge. De pousser sa binette enfarinée dans son verre et de demander de quoi il s'agissait, sinon de ce maudit adultère. Pourtant, je restais collé à ma chaise, fixant le gravier entre mes pieds. Elle ramassa le papier, articulant : « Ça va. » Soudain, je me dis que c'était par trop lamentable et que je m'en battais l'œil. Je repris la feuille de ses mains, empruntai son stylo et écrivis : PEU IMPORTE CE QUE TU AS FAIT, CE QUE TU FAIS ET CE QUE TU FERAS, OÙ QUE TU AILLES, JE T'AIMERAI TOUJOURS ! Et je signai. Elle s'empara du papier que je lui tendis et lut. Elle en fit une boulette qu'elle fourra dans son sac, proférant : « Ça ne vaut plus un clou. » Sur ce, elle se leva et, sans me dire au revoir, passa entre les tables en direction de la sortie.

Allumettes de sécurité

Après ces ennuis et ces tracasseries, il se passa un bon moment avant que je ne retrouve mon équilibre. Je ne sculptais plus des mères et des enfants, ni des Perséphone. J'allais fouiller dans les déchets sur les rives de l'Amstel, à la recherche de fil de fer à moitié rongé par la rouille provenant des portes de jardins et de poulaillers, de jouets détériorés, d'ustensiles de ménage usés, de morceaux de pierre et de liège. J'assemblais ce fatras sur un bois, l'agglutinais, y déversais du goudron et de la laque d'or, ou bien l'aspergeais d'un mélange de pierraille et de résine artificielle. Puis j'y passais la flamme du chalumeau. Jusqu'à ce que la chaleur coagulât la masse gargouillante et bouillonnante sous une épaisse peau noire et la fît ressembler finalement à un bloc de terre brûlée. Et le tableau était terminé. Il m'arrivait d'en fabriquer deux ou trois en une seule journée. J'en garnissais mon atelier qui prenait peu à peu l'aspect d'une grotte de chauves-souris. Des œuvres qui faisaient peur aux amateurs d'art, ne fût-ce qu'en raison de leur poids. Lorsque j'en avais ras le bol, que l'odeur de ces carcasses me soulevait le cœur, j'en entassais un lot dans ma vieille Riley (les ressorts de la voiture d'enfant avaient déjà cédé sous le poids des enfants de mon esprit, au temps où Olga était encore chez moi) et j'allais les noyer dans l'Amstel, comme auparavant, mais tout seul, au milieu de la nuit. (Un jour, voyant les canards plonger à cet endroit, Olga avait dit : « Ils vont voir l'exposition. ») Ce boulot insensé, mon aspect négligé, ma peau brûlée et mes regards de chiffonnier en quête de déchets me donnaient l'air d'un clochard étranger, tant et si bien que, lors d'une quête au profit de la Ligue contre le cancer, une petite dame agressive qui déambulait au Damrak en secouant sa boîte-tronc, changea de disque en m'apercevant et cria : « *The cancer... the cancer.* » Et une rombière siffla un jour entre ses dents, en me voyant sortir d'un café où je n'avais bu qu'un jus : « L'alcool est un poison. » Je n'amenais plus de filles chez moi. Les deux dernières m'avaient vraiment fait chier. Je décidai alors d'en finir pour de bon. Plus d'histoires dans ma maison. Il valait mieux aller chez les putes. D'ailleurs, c'est moins dispendieux. Pas besoin de leur verser à boire, ni d'écouter des conneries à n'en plus finir. Au bout d'une demi-heure, on se retrouve dans la rue et l'on peut se remettre au travail. Pourtant, ça avait commencé bien gentiment avec Astrid la Suédoise. Il est vrai que je me méfiais d'elle au début parce qu'elle laissait dans le cendrier des mégots écrasés d'une main énergique. Elle était aussi douce que le papier hygiénique suédois, cette merveilleuse pin-up, et je méprisai l'avertissement. Notre première soirée avait paru un rêve. Je pensais qu'elle parviendrait peut-être à devenir une seconde Olga. Je lui dis que j'allais écrire une déclaration d'amour sur son ventre. Et j'écrivis avec son bâton de rouge à lèvres cerise sur cette admirable blonde que j'imaginais pouvoir soulever au bout de mon pouce vissé dans son nombril : *SÄKERHETS TÄNDSTICKOR*[1]. Cela ne la fit pas rire, mais comment voulez-vous, nom de Dieu, que je sache comment on traduisait « Je t'aime » en suédois. Au début, elle était charmante. Charmante et gentille. Mais elle se montra de plus en plus exigeante. Elle avait l'intention de se caser à demeure. Il ne suffisait plus que je prenne une douche le matin, elle voulait que j'en prenne une encore avant de nous mettre au lit. Ou encore, elle m'achetait une brosse à dents hygiénique garnie d'une touffe de poils à la pointe, de sorte que des nausées me prenaient lorsque j'avais le bec plein de poils. Un soir, elle trouva à redire sur les draps. Il fallut les changer tout de suite. Comme je l'envoyais paître, elle s'allongea raide et froide comme un glaçon à mes côtés dans le lit où elle avait déjà jeté les draps en tas. Quelques jours plus tard, elle se leva pour aller aux W.-C. et une nuée de puces de chat sauta sur ses jambes ; il y en avait tant qu'elle semblait porter des genouillères foncées. Elle se mit à gueuler et à m'invectiver dans son anglais d'Uddevalla, tandis que je piétinais les draps en m'esclaffant. Elle frotta et éplucha ses jambes, revêtit de sa robe élégante son corps parfait et disparut de ma vie. Quant à Théa, la dernière fleur qui s'épanouit dans mon plumard, ce fut encore plus vite terminé. Assise sur le bord du lit, avec dans la main une banane coupée en deux qu'elle mangeait à la cuillère comme un œuf mollet, elle me raconta, après une de nos performances, qu'elle avait pleuré une heure durant quand la radio avait annoncé la mort de Marilyn Monroe.

1. « Allumettes suédoises ».

Je me dressai sur mon séant, très perplexe, car moi aussi, j'avais écouté cette information et j'avais eu l'impression qu'Olga n'existait plus. Que cette nouvelle l'avait chassée à jamais de ma mémoire. Afin de ne pas trahir mon trouble, je répondis que j'aurais probablement bandé si j'avais dû faire la toilette funèbre de Marilyn. (« *But stiff back or stiff knees, You stand straight at Tiffany's.* ») Elle se leva d'un bond comme si elle était assise sur un scorpion et se mit à me frapper de ses mains molles partout où elle parvenait à me toucher. Je la laissai assouvir sa rage, mais lorsqu'elle me flanqua un gnon sur l'arête nasale, si douloureux que je craignis de tomber dans les pommes, je vis rouge, la traînai hors du lit, la poussai à poil dans la rue nocturne balayée par le vent et jetai ses frusques derrière elle. Ce fut définitif. Plus de nana dans mon pieu. Le même jour, je fichai à la poubelle la boîte contenant les épingles à cheveux, les boucles d'oreilles et les broches que j'avais trouvées au fil du temps dans, sous et derrière mon lit. Je ne conservai qu'une boucle d'oreille en forme d'hippocampe qu'Ans ou Wies ou Riekie accrochait à mon sexe lors de nos ébats. Par la suite, j'allais rôder en ville lorsque j'avais besoin d'une femme, jusqu'à ce que j'en rencontrasse une qui fût suffisamment mignonne et eût un chez-soi, une bicoque ou une chambre. C'est ainsi que j'échouai dans une maison de l'avenue Apollon bondée de merdes pseudo-artistiques luisantes et roses qui avaient coûté très cher, où l'on pouvait dégringoler de haut en bas sans avoir de bleus grâce aux peaux et aux tapis veloutés, dans le lit d'une femme si élégante, espèce de voilier avec plus de mâts que de poupe, que je m'entendais demander après lui être passé dessus :

« Est-ce que vous avez joui ? » À la longue, je connaissais dans tous les coins de la ville bon nombre de chambres de filles qu'on atteignait par un escalier en colimaçon, malaisé à gravir à moins d'être agile comme un chamois et lubrique comme un bouc. C'étaient pour la plupart des chambres mansardées aux cloisons de bois mal ajustées où l'on arrivait guidé par la clarté s'échappant des interstices en se glissant dans le noir entre la lessive des voisins des étages inférieurs. Une reproduction sépia d'une danseuse marocaine de Delacroix, d'une scène de théâtre de Toulouse-Lautrec ou de quelques ballerines de Degas ornait une paroi de la plupart de ces piaules. Quelques phrases que j'ai retenues résonnent encore dans mes oreilles : « Tourne-toi un peu », « Allons-nous mettre notre avoir en commun ? », « Le machin de certains paraît dix ans plus vieux qu'eux. » Gertie, godiche à en avoir mal aux seins, avait garni de coquillages une paroi de sa mansarde de haut en bas, pressait son ventre nu contre ces aspérités tandis que je lui flanquais quelques bons coups de verge sur les cuisses, et criait : « Flagelle-moi, maître ! Flagelle-moi ! » Elle avait d'abord travaillé dans un hospice où elle devait soigner des créatures qui ne faisaient que rester allongées, sécréter de la bave et des glaires, et qu'on appelait « les plantes ». Plus tard, elle avait suivi des cours, et elle s'occupait pour le moment d'enfants mongoliens. Au-dessus de sa table de travail, elle avait épinglé une feuille de papier sur laquelle elle avait écrit une sentence en caractères d'imprimerie : LE MONGOLISME EST DÛ À UN CHROMOSOME DE TROP. Et, au-dessous, de son écriture quasiment illisible : « Ainsi donc, le mongolisme n'est pas une séquelle de l'alcoolisme, ni de maladies vénériennes, ni de l'âge avancé de la mère. Il résulte d'une erreur chromosomique. » Elle me racontait qu'il fallait parfois faire preuve de beaucoup de sadisme à l'égard de ces braillards grassouillets, car ils étaient souvent trop flemmards pour ôter leur chemise, tant les parents, se croyant coupables, les avaient gâtés. Elle les soulevait alors et les installait sur l'armoire pour toute la matinée. Nonobstant, ils n'avaient pas tardé à s'attacher à elle, ils exultaient en la voyant arriver le matin, bondissaient à sa rencontre dans le couloir, cabriolaient autour d'elle, par pure joie. Ensuite, mon étoile me conduisit vers le quartier ouest, dans une triste chambre dont la fenêtre donnait sur des terrasses encombrées de lessives, de bassines de zinc et de vélomoteurs sous housses de plastique chez une petite femme divorcée et ses trois mioches au nez débordant de morve. Lorsque j'arrivais avec des sucreries pour les gosses, qui m'appelaient tonton, elle me pilotait tout de suite vers le fauteuil de rotin branlant, comme si j'avais besoin de reprendre des forces avant que nous échouions dans la chambre à coucher. Puis elle disait en tournant le bouton de la radio : « Installe-toi confortablement dans le fauteuil et écoute la musique, Ina ira te chercher une tasse de potage réconfortant. » Et je restais des heures avec les marmots sur les genoux à raconter des histoires jusqu'à ce que je sente leurs culs mouillés à travers le tissu de mon pantalon. Lorsque je l'aidais à laver la vaisselle et qu'elle allait prendre un torchon propre, elle disait : « Patiente un peu, *boy*, Ina te donnera bientôt une autre sorte de torchon dont tu me diras des nouvelles. » Le sentiment navrant que cela ne durerait guère. Que leur second père s'en irait aussi à la cloche de bois. Il m'arrivait de m'absenter si longtemps de mon logis que la cuvette de mes chiottes se remplissait d'eau rouillée lorsque je tirais la chasse, comme au retour de vacances, et que le chat, que j'allais reprendre chez un voisin, allait renifler dans tous les coins, comme s'il venait de débarquer chez un inconnu. Et les coups du hasard se succédèrent. D'autres rencontres, d'autres enfants, d'autres chambres. La première fête de Noël après le lâchage d'Olga – j'aurais crevé de mélancolie si j'avais dû la passer seul – me trouva dans la courette d'un misérable rez-de-chaussée, dans le quartier De Pijp, auprès de la mère indonésienne d'une ravissante fillette de six ans – son cavalier noir l'avait plaquée –, m'escrimant contre un lapin mort. J'avais prétendu dans un accès de bravade que j'étais capable de l'apprêter à l'indonésienne aussi bien que son mari, et elle m'avait pris au mot. Je ne devais pas le dépiauter mais le raser (sans faire de boutonnière dans la peau), puis le gonfler à l'aide d'une pompe à bicyclette pour introduire une couche d'air entre la peau et la chair. On le mettrait tel quel au four, y compris les entrailles. Qu'on n'enlevât pas les intestins et le reste me dépassait. Cependant, elle affirmait qu'il en était vraiment ainsi. Autrement, l'air s'échapperait. Quoi qu'il en soit, je ne parvins pas à bout de la corvée, incapable de continuer lorsque je songeais qu'un des voisins qui m'épiaient de derrière les étoiles allumées, me voyant couvert de touffes de poils et le rasoir du mari dans mes mains glacées, pourrait à bon droit téléphoner à la Société protectrice des animaux. Me disant que je devrais encore gonfler cette vilaine bête d'un gris-bleu à moitié chauve qui ressemblait assez à un nouveau-né, j'avais des haut-le-cœur. J'en eus assez. J'allai chercher le grand couteau à la cuisine, dépiautai le lapin, lui ouvris le ventre, enlevai les tripes et le dépeçai à la diable. Elle était très déçue, ma princesse noire. Et taciturne lorsque, tard dans la soirée, nous garnîmes le petit arbre de Noël destiné à sa fillette. Quand elle se serra contre moi dans le lit, elle dit cependant que ce n'était pas très grave, que le lapin préparé à la hollandaise ne manquerait pas de nous plaire, le lendemain. Par-dessus son épaule, je jetai un regard à travers les rideaux crasseux, dans la rue où je voyais tourbillonner la première neige de l'année à la clarté du réverbère. Et je lui confiai que je lui réservais une surprise pour le matin de Noël. Elle me demanda laquelle, je refusai de le lui dire mais finis quand même par satisfaire sa curiosité : « Un Noël blanc. » Elle se retourna, nous regardâmes la neige tomber et elle se mit à chantonner « *I'm dreaming of a white Christmas* ». Et, sacré nom d'un chien, je lui fis chorus. Car si vous n'avez pas le cœur de chevroter le vulgaire et écœurant Bing Crosby dans ce quartier misérable, après avoir passé une année de détresse et d'emmerdements, vous ne valez pas cher.

Les clous de la malédiction

C'en fut tout à coup fini de jouer les pères et les mères dans le courant de la nouvelle année. Je ne pouvais plus m'absenter plusieurs nuits de suite. Parce que j'étais devenu père. Par accident. Ne fût-ce que le père d'une mouette. Je travaillais dans mon atelier, les manches retroussées et les avant-bras plongés jusqu'aux coudes dans la terre, quand j'entendis soudain les crissements d'un brusque coup de frein. Je sortis et vis une camionnette stationnée devant ma porte. Le chauffeur se tenait devant son véhicule, une mouette gisant à ses pieds. Il prétendit qu'il n'y comprenait rien. Il n'avait pas heurté l'oiseau. Celui-ci picorait une tartine écrasée et il avait freiné parce que le volatile risquait de se faire aplatir. Il avait voleté devant son pare-brise, puis était tombé. Il toucha doucement le corps blanc de la pointe de sa chaussure, disant qu'il croyait la mouette morte. Qu'elle avait probablement succombé à la peur. Je répondis que je m'en occuperais et verrais ce qu'il en était, puis j'allai vite me rincer les bras et revins avec une boîte dans laquelle je déposai l'oiseau. Je l'emportai. C'était une mouette. Son bec et ses pattes étaient d'un beau rouge vif et elle avait quelques petites taches couleur chocolat près des yeux. Mais je n'avais pas le temps de m'occuper d'elle à ce moment, sinon la bouillie que j'étais en train d'étendre sur du bois durcirait et deviendrait inutilisable. Tout en travaillant, j'eus soudain l'impression d'un regard qu'on braquait sur moi. Levant les yeux, je me rendis compte que la mouette, dont la tête dépassait du bord de la boîte, m'observait. D'un air curieux, car c'était la première fois de sa vie qu'elle assistait à la naissance d'une œuvre d'art. Dès que j'eus terminé, je m'approchai. Les pattes de la mouette fléchirent et elle se crispa. Je palpai doucement ses ailes et il me sembla qu'il n'y avait rien de cassé. Je la jetai en l'air. Voletant, elle retomba à mes pieds et resta couchée sur le côté, les ailes déployées. Je la ramassai et le premier jet de fiente s'écrasa aussitôt par terre. Je portai la boîte dans ma bagnole et me rendis chez le vétérinaire qui, autrefois, avait opéré la chatte au milieu de la nuit. Il s'en souvenait, me dit-il en auscultant la mouette, sans déceler quoi que ce soit qui aurait pu l'empêcher de prendre son vol. Il se rappelait encore qu'il y avait eu un orage cette nuit-là. Il me demanda si nous avions réussi à élever les chatons. Je lui répondis que nous les avions soignés avec amour. Qu'Olga les avait nourris de lait tiède au moyen d'une bouteille minuscule. Il était d'avis que la mouette aurait retrouvé l'usage de ses ailes dans quelques jours, qu'elle avait apparemment perdu le nord. Lorsque je m'en allai avec ma boîte, il me recommanda de ne pas oublier de transmettre son bon souvenir à ma femme. Je fis oui de la tête en songeant qu'il n'avait pas encore oublié le baiser chaleureux qu'Olga lui avait donné par reconnaissance. Car on ne perd jamais le souvenir d'un tel baiser. Rentré chez moi, j'installai la mouette dans la chambre donnant sur la rue. Elle était vide, et l'oiseau ne se formaliserait probablement pas de la devise des nanas américaines : *ONE WHO PUTS SALT IN THE SUGAR BOWL IS A MISANTHROPE* qui, presque illisible du fait que le papier avait jauni, garnissait encore le mur. L'idée m'était venue de la modifier en *One who puts a seagull in the sugar bowl is a misanthrope*, mais il n'y entrait plus personne et il me suffisait d'avoir imaginé cette variante. Je déposai la bassine à vaisselle pleine d'eau au milieu de la pièce où je passais deux ou trois fois par jour pour donner à la mouette du poisson haché menu. Au début, elle n'osait pas le prendre dans ma main, mais quand elle était suffisamment affamée, elle le chipait sur mes doigts tendus du plus loin possible et l'avalait goulûment. Chaque fois, je la pourchassais un moment pour voir si elle ne prendrait pas son vol pour m'échapper. Mais non, elle courait vite devant moi, les pattes cliquetant sur le linoléum qui ne tarda pas à ressembler à une plaine puante de fientes d'un blanc brunâtre desséchées (j'avais même étalé des feuilles de carton par terre dans l'intention de créer un nouveau genre de peinture : « Empreintes des pattes d'une mouette dans sa merde », mais nul n'en voulait. Les amis des animaux sont rarement des amateurs d'art. D'ailleurs, il leur aurait fallu un organe olfactif déficient, car ces tableaux puaient comme un poulailler installé dans une poissonnerie). Quand je rentrais le soir et faisais tout à coup de la lumière dans la chambre, je la surprenais dressée sur une patte rouge dans la bassine d'eau. Et je savais alors ce qu'il m'en coûterait de la libérer le jour où elle aurait recouvré l'usage de ses ailes. Au début de cette année-là, l'année de la mouette si j'ose dire, car j'ai hébergé pendant huit mois ce charmant oiseau auquel je m'attachais de plus en plus et avec lequel le chat avait fini par fraterniser, je ne reçus que de vagues nouvelles d'Olga. Elle avait eu l'intention de se marier dare-dare en Écosse, quelques mois après le divorce. Mais elle y avait renoncé à la onzième heure et attendait patiemment la fin du délai de rigueur de neuf mois. Par contre, sa mère se manifesta encore ostensiblement à la dernière minute. Plus venimeuse que jamais. Elle m'envoya une facture. Par l'intermédiaire de son avocat. Nom de Dieu, elle aurait voulu que je paie le linoléum qu'elle avait offert à Olga pour son anniversaire, deux ans auparavant. Au lieu d'avoir cette sale couleur de merde sous les pieds, dans la cuisine, Olga avait marché du jour au lendemain sur un radieux azur méditerranéen. Cependant, il ne lui avait pas fallu longtemps pour y laisser une multitude de petits creux avec ses hauts talons ; elle l'avait même percé par endroits. Et j'aurais dû le payer à présent ! J'allai aussitôt consulter un avocat. Pas cette saleté de crapaud véreux qui s'était occupé de notre divorce ; j'eus affaire à un honnête homme qui adressa une réponse polie, mais pas piquée des vers, à l'avocat de la vieille : « Mon client m'explique que votre cliente a fait exécuter les travaux, dont les factures citées par vous font état, à titre de libéralité envers mon client et la fille de votre cliente, et qu'il est contraire à la vérité de prétendre qu'elle a acquitté cette facture à titre de prêt. En foi de quoi, mon client n'a aucune raison d'en verser le montant à votre cliente. » Voilà, elle en eut pour son argent. Et elle se le tint pour dit, car l'affaire en resta là. En automne de l'année de la mouette (elle sautait sur mes genoux lorsque je tenais du poisson dans la main), je rencontrai Olga par hasard dans le grand magasin De Bijenkorf. Tel un fakir, je portais sous le bras une statue toute hérissée de clous rouillés originaire du Zaïre. Je venais de la troquer avec un ami contre une peinture d'un poids égal. Je n'avais pas osé l'abandonner dans ma bagnole, pour la bonne raison que toutes les serrures étaient fichues. Le buste évoquait un porc-épic, et on avait incrusté dans son ventre une petite glace, pareille à l'écran d'un appareil de télévision. Soudain, j'aperçus Olga qui fouillait dans une boîte remplie de gants. Des gants pour hommes, songeai-je, avant même d'être sûr que c'était vraiment Olga, car cette femme-là avait des cheveux blonds. Je l'observai un moment avant d'aller me poster derrière elle et de lui dire : « Chez moi, j'ai encore une enveloppe contenant une mèche de tes cheveux roux. » Elle se retourna comme si je lui avais pincé les fesses. Perdit complètement contenance et rougit. Puis elle reprit son masque impassible et me lança un regard vide d'expression, comme si j'étais un inconnu. Et je me rappelai ce que m'avait dit une connaissance qui l'avait rencontrée récemment : « Son regard a perdu tout son éclat. » Je constatai que c'était vrai, mais je ne voulais pas en croire mes yeux. Je parvins à la convaincre de prendre l'ascenseur qui nous conduisit au salon de thé, et je résolus de ne plus faire allusion à ses cheveux roux. Nous nous installâmes dans un coin d'où nous avions vue sur la ville et je déposai la statue sur la table, entre nos tasses de café. J'étais infiniment triste parce que rien de ce qui nous avait unis ne se manifestait. J'avais l'impression de me jeter dans ma énième aventure. Que j'aurais dans une heure l'arrière-goût d'un passage éclair dans mon lit au fond de la gorge. Mais il s'agissait cette fois d'Olga et l'idée m'était pénible. Je lui demandai pour qui elle devait acheter des gants et elle répondit : « Je regardais, c'est tout. » Tandis qu'au lieu d'écraser son mégot elle s'en servait pour allumer une autre cigarette, elle voulut savoir ce que c'était que ce machin-là. Je lui expliquai que cette statue garnie d'une petite glace était le siège d'un esprit. Et que ces clous étaient ceux de la malédiction. Qu'on les enfonçait lorsqu'on souhaitait malheur à un ennemi. Elle supposa sans sourire que j'en avais enfoncé beaucoup à son intention. Je ne pus m'empêcher de rire et affirmai qu'il n'y en avait pas un seul quand j'étais entré au Bijenkorf, mais que je m'étais empressé de lui en mettre plein le corps dès que je l'avais aperçue. Chaque fois que je la regardais, elle détournait les yeux. Certainement à cause de ses cheveux que je regardais à contrecœur. Comment avait-elle pu se résoudre à les faire teindre ? Quelle gourde ! Elle semblait avoir subi un rude choc. Elle faisait pitié à voir. Elle avait un air emprunté. Comme une photo coloriée. Après que je lui eus parlé de la mouette qui couvrait le carrelage de la chambre d'une couche de fiente de plus en plus épaisse, elle se mit à évoquer sa mère. Probablement parce qu'elle avait honte en songeant à la facture du linoléum. Elle affirma que sa mère était gentille, après tout. Qu'elle pouvait toujours compter sur elle si elle voulait rentrer à la maison. Mais qu'elle puisait trop dans la caisse de son commerce qui n'était pas prospère. Et qu'elle tenait absolument à aller chaque année, en compagnie de son amie et en grand apparat, aux sports d'hiver en Autriche, à l'instar de la Veuve joyeuse. Ses ennuis avec le personnel n'en finissaient pas. Le jour où un essuie-mains avait disparu des toilettes, elle avait refusé de le remplacer avant qu'il ne fût retrouvé. Et elle avait fixé au-dessous du crochet un écriteau sur lequel elle avait griffonné : L'ESSUIE-MAINS QUI ÉTAIT ACCROCHÉ ICI A ÉTÉ VOLÉ LE 26 MAI. Je demandai à Olga comment elle allait et si elle était toujours aussi adorable, et elle me répondit en me jetant un regard hargneux : « Tu ne le vois pas ? La passion embrase pourtant mes yeux. » Mais l'instant d'après, l'air plutôt découragé, elle me raconta l'histoire de sa première aventure. Qu'elle n'avait guère duré parce que cet homme était veule. Il avait épousé une Anglaise. Au début de son mariage, il avait trouvé sa situation intéressante, il avait essayé de parler l'anglais comme nos compatriotes qui ont vécu deux ans dans un pays anglophone. Mais il n'osait pas divorcer, son père ayant menacé de le déshériter. La peur de son paternel le paralysait. Et le pauvre type ne faisait que pleurnicher dans le giron d'Olga parce que son fils était anormal et qu'il n'avait pas le cœur de l'abandonner à son sort. Elle ajouta encore que sa veulerie était telle qu'il avait tenté de se suicider en sa présence, dans un petit hôtel, à Kijkduin. En avalant des barbituriques. Tout en étudiant son propre visage dans la glace du lavabo. Il avait joué la comédie ; toutefois, se trouvant si intéressant, il avait commis l'erreur d'en avaler trop. Elle avait dû téléphoner à l'ambulance pour le faire transporter à l'hôpital. Où on avait procédé à un lavage d'estomac. Et elle en avait soudainement eu assez lorsque le père lui avait donné un coup de fil pour lui dire que c'était du propre, que ses simagrées devaient cesser, qu'il inventait trois ou quatre fois par an ces histoires à la con. Elle n'était même pas allée le voir à l'hôpital. Mais sa mère avait craché feu et flammes. Parce qu'elle avait sa fille sur les bras et perdait la clientèle de ce client de Rotterdam par-dessus le marché. Je lui demandai pourquoi elle n'était pas revenue chez moi, et elle expliqua : « C'était impossible. Je n'aspirais qu'à vivre tranquillement, à me délasser. Rien de plus. Sortir de temps à autre et m'installer sur un tabouret dans un bar. Pour me trouver parmi des inconnus. » Je lui dis avoir pensé qu'elle épouserait cet homme-là quand j'avais appris son remariage. Elle fit non de la tête, affirmant qu'elle n'aurait plus supporté le souffle de ce type dans sa nuque, après tous ces emmerdements. Elle s'était remariée avec un homme d'affaires d'Alkmaar. Qui ne s'intéressait qu'au football et à Churchill. Il connaissait littéralement tout sur ces sujets. Je voulus savoir si sa mère avait manigancé ce mariage, mais elle s'emporta alors contre moi : « Toi, tu t'imagines que ma mère est responsable de tout. Cet homme venait chez nous depuis des années. » Nous nous tûmes un moment, elle tripota les clous et dit qu'on pourrait se servir de cette glace pour se maquiller. Je lui demandai de but en blanc si elle était heureuse. Elle fit oui de la tête, et je retrouvai un reflet de l'Olga de jadis lorsqu'elle me raconta qu'elle avait une petite tortue d'eau verte dans un aquarium où elle avait mis un bout d'écorce, et qu'elle aimerait beaucoup avoir une tortue de terre pouvant se retirer entièrement sous sa carapace comme nous en avions observé jadis au jardin zoologique Artis. Et qu'elle voulait avoir une chevrette au printemps prochain. Je lui demandai en riant si elle avait vu sa piscine vide, car elle disait autrefois, quand nous passions devant les Bains Miranda : « J'ai grande envie de voir une piscine sans eau. » J'ajoutai que j'y étais entré l'hiver dernier, la porte étant ouverte. Que le spectacle de ces énormes bassins garnis de carreaux d'un bleu verdâtre, de ces tas de feuilles desséchées dans les coins et de ces cabines vides semblait bizarre et vous serrait le cœur. Que seul le terrain de jeu désert avait l'air plus accueillant et faisait penser à l'été. Comme si les spectres des gros phoques du quartier qui venaient y barboter à sept heures du matin et faire gauchement quelques exercices pour maigrir tant soit peu y rôdaient encore. Elle se rappelait aussi qu'une guêpe l'avait piquée autrefois au cœur de l'hiver. À l'Amsterdamse Bos, un jour où il y avait de la neige. Ayant oublié ses gants, elle avait rabattu les parements de ses manches. La guêpe s'était blottie dans les plis pour hiberner. Tout à coup, Olga prit de nouveau un air distant, ne s'autorisant plus à être confiante avec moi et à parler des choses d'il y avait deux ans qui semblaient appartenir à un passé terriblement lointain. D'ailleurs, ce passé tranchait sur ce qu'elle était à présent, sur son aspect. Pourtant, je ne pus réprimer une sensation de triomphe et songeai : Toi, tu finiras tôt ou tard par avoir des regrets. Seulement, la vie devrait d'abord la malmener davantage. Elle m'accompagna jusqu'à la voiture, qui l'enchanta d'emblée. Elle me demanda si je me rappelais qu'un jour où j'avais touché une avance pour une commande, nous avions répondu à une annonce pour une vieille Jaguar datant du lendemain de la guerre. Je répondis que le garagiste s'était montré offensé parce que nous avions exigé que la bagnole fût en état de rouler moyennant sept cents florins. Elle éclata de rire et s'installa au volant. Elle écrasa la pédale de l'accélérateur, celle du frein et celle du débrayage. Je regardais ses jambes en mouvement et pensais à notre première rencontre. Le jour où je faisais de l'auto-stop et où elle m'avait pris à son bord. Elle descendit, disant que sa toilette jurait avec ce genre de bagnole. Qu'on devait porter un blue-jean et un chandail pour y monter. Mais qu'elle ne pouvait plus en mettre. Elle était maintenant tenue de jouer les dames. Tandis que j'y installais la statue à clous, elle regardait un de mes tableaux appuyé contre la banquette arrière. Elle me demanda si c'était le genre de trucs que je faisais maintenant et si je parvenais à trouver des amateurs. J'affirmai que j'en vendais beaucoup. Aux jeunes couples d'intellectuels habitant les immeubles des quartiers extérieurs. Parce qu'ils amortissaient le bruit. Mais que j'en balançais parfois une charretée dans l'Amstel. Comme lorsque nous y allions avec la voiture d'enfant. Elle haussa les épaules et déclara qu'elle devait s'en aller. Elle me tendit la main et je lui tendis la mienne d'un geste naturel et nonchalant, car je n'avais pas cru un instant que nous nous embrasserions en nous quittant. Elle dit que nous nous retrouverions bien nez à nez un jour ou l'autre. Sur ce, elle disparut dans le flot de passants. Je fus très déprimé, dans les premières semaines suivant cette rencontre, me disant, après le récit de sa première liaison, que tous les tourments endurés avaient été inutiles. Cette histoire était d'une banalité aussi désespérante qu'un mélodrame. Évidemment, la présence de la mouette me rassérénait. Je n'étais pas de ces amis des animaux qui déversent leur misanthropie dans des oreilles velues ou apprennent à leur perroquet à proférer des jurons. J'aspirais tout bonnement à la sérénité. J'avais l'impression de me trouver à Artis, dans le diorama de Heimans, quand, assis sur la vieille chaise d'où s'échappait le crin végétal, je regardais la mouette, immobile sur la croûte de fiente comme sur un banc de sable. Ou qui faisait le tour de la grande bassine, ramant avec frénésie de ses pattes rouges et battant des ailes pour s'asperger de grosses perles d'eau. Et un matin, quand j'entrai dans la chambre, elle prit soudain son envol et décrivit des cercles autour de moi à larges et vigoureux coups d'ailes. On aurait dit que l'espace volait en éclats. Que les pointes de ses ailes renversaient les murs de la pièce. Elle continuait à tournoyer. Et moi, je me suis effondré. Anéanti par les calamités qui m'accablaient depuis deux ans, j'ai pleuré comme un veau pour soulager mon cœur. La gueule défaite à force de chialer, j'ai enfermé l'oiseau dans une boîte et me suis rendu en voiture jusqu'à la digue, près de l'Amstel. Là-bas, sur le terrain vague d'où je voyais les mouettes survoler les étangs dans le lointain, j'ouvris la boîte. La mienne s'élança aussitôt dans l'espace. Ainsi qu'il sied à un oiseau qui prend son essor, elle décrivit quelques cercles au-dessus de ma tête. Puis elle se perdit dans une volée de congénères criardes. J'aurais voulu l'appeler, hurler, mais j'étais incapable d'émettre un son. Comme si quelqu'un, posté derrière moi, avait noué ses deux mains autour de mon cou et le serrait de toutes ses forces.

Nice dolls et effigies de Judas

Durant plusieurs jours, j'ai rampé à genoux dans la chambre, grattant le carrelage pour enlever la croûte de fiente durcie. J'y parvins à la longue, mais la pièce était définitivement inhabitable. On aurait pu couper la puanteur en tranches : un mélange pénétrant de merde de poule et de plie séchée. On aurait cru qu'elle s'exhalait des murs, mais elle provenait des excréments délayés et entraînés sous les plinthes par les flots d'eau savonneuse. J'ai tout essayé pour la chasser. J'ai répandu du savon en poudre, pulvérisé de l'eau de Cologne, déposé un récipient rempli de térébenthine. Rien n'y fit. On reniflait d'autres odeurs infectes pendant quelques jours, puis les bouffées de puanteur âcre s'échappaient de nouveau des coins et des interstices. Il ne fallait plus songer à louer la chambre. Elle était tout juste bonne à servir de débarras, comme au temps d'Olga. Et je retombai ainsi dans une solitude absolue. Je vivais tel un loup, sans mouette et sans poule. Je ne me souciais de personne. Je travaillais et je dormais. J'avais l'impression qu'un ressort s'était cassé en moi après ma récente rencontre avec Olga. Toutes les illusions et toutes les espérances qui m'avaient soutenu durant ces mois de désarroi s'étaient envolées en fumée. Certains se mettent à picoler ou à se droguer, moi je cherchais l'abrutissement dans le travail. Je bûchais de bon matin jusqu'à une heure avancée de la nuit. Une année s'écoula avant que je n'eusse des nouvelles d'Olga, grâce à une ancienne amie qu'elle voyait régulièrement. Un mois après notre rencontre au Bijenkorf, Olga était allée la voir pour lui demander l'adresse d'un médecin disposé à la tirer d'embarras. Elle était enceinte, ce qui avait donné le coup de grâce à son deuxième mariage. Elle ne supportait plus la présence de cet homme, avait-elle dit. Le soir, elle s'enfermait à clef dans la chambre à coucher, et lui allait noyer la débâcle de leur union devant quelque comptoir. Il rentrait immanquablement ivre mort et s'écroulait sur le divan, dans la salle de séjour. Mais elle s'était encore une fois sauvée chez sa mère, emportant une valise de vêtements, le soir où il s'était montré agressif, avait brisé les meubles, enfoncé la porte de la chambre à coucher et tenté de la violer en lui soufflant au visage son haleine chargée d'alcool. Le toubib de cette amie ayant déjà eu maille à partir avec la justice, elle s'était adressée à une faiseuse d'anges qui l'avait avortée à l'eau savonneuse. Ces manœuvres avaient provoqué une inflammation des ovaires et on avait dû en enlever un au bout d'un certain temps, parce qu'on la reconnaissait à la puanteur de son sexe. Elle était sur le point de se remarier avec un ingénieur américain d'une compagnie pétrolière. Cette amie m'ayant dit qu'ils avaient l'intention de partir pour l'Amérique immédiatement après leur mariage, et croyant que je ne la reverrais jamais, je lui adressai un mot. Quelques jours plus tard, elle me donna un coup de fil de Beverwijk où elle avait loué une maison, de concert avec son futur mari et quelques couples américains au service de la même compagnie. Nous convînmes qu'elle passerait chez moi le lendemain. Plusieurs heures avant son arrivée, j'allais et venais dans mon atelier comme un tigre à l'approche de l'heure du repas. Je m'efforçais de regarder les objets comme elle les regarderait. De me rappeler si ceci et cela était encore comme au temps où elle habitait ici. Et tout à coup elle fut là. Elle promena les yeux autour d'elle comme je venais de le faire. Je me demandais ce qui se passait en elle. Si elle remarquait l'absence des cactus et des modèles de plâtre pour lesquels elle avait posé pendant des heures en écoutant les disques de Sonny Rollins ou de Miles Davis. Elle s'arrêta un bon moment devant la statue de la femme au chat. Puis elle me demanda où était le chat. Celui-ci dormait sur une chaise. Il n'avait pas réagi en entendant sa voix. Cela faisait déjà trop longtemps. Elle ne s'en approcha pas, se contentant de lui jeter un coup d'œil plutôt embarrassé. Peut-être était-elle contente parce qu'il n'interrompait pas son sommeil paisible. D'ailleurs, le spectacle n'aurait pas manqué de piquant si elle l'avait pris dans ses bras. Elle s'assit et je déposai une bouteille de cognac et des verres sur la table. J'avais tressailli en la revoyant. Elle avait beaucoup maigri, avait mauvaise mine et l'air inquiet. Ses cheveux étaient de nouveau roux, mais taillés court comme ceux de Jean Seberg. Elle m'expliqua qu'elle avait dû les faire couper afin d'effacer la couleur blonde. Au début, elle ressemblait à un caniche déteint. Mais elle avait été obligée d'en passer par là, elle les avait fait teindre pour plaire à son mari précédent. Elle aurait préféré effacer celui-ci de sa vie en même temps que ses tifs blonds. Elle se versa à boire et déclara que rien n'avait changé ici. Sauf les peintures. Elle n'avait pas remarqué la disparition des cactus. Sans doute ne s'en souvenait-elle plus. Je l'observais. Cela l'énervait, l'intimidait, et elle me demanda si elle avait vieilli. Lui adressant un sourire, je répondis qu'elle avait avancé en âge mais n'avait pas vieilli. Il n'empêche que j'avais envie de chialer en me souvenant de mon beau trésor de jadis. Puis, tout en sirotant son cognac, elle me raconta l'histoire de son second mariage. Qu'elle avait vécu continuellement dans une frayeur mortelle en se disant qu'elle courait le risque d'être enceinte, car il refusait de prendre la moindre précaution. Qu'il était grossier et bête et qu'il n'y avait rien de profond entre eux. Qu'elle avait eu l'impression de vivre chez lui dans un grand clapier où il n'y avait que de la paille et ses propres crottes. Qu'elle ne se rappelait même plus comment il était. Qu'elle l'avait banni de sa mémoire. Je voulus savoir si j'étais logé à la même enseigne, mais elle riposta qu'elle ne serait pas ici dans ce cas. Puis elle s'approcha du tronc d'arbre qui occupait le centre de mon atelier et me demanda si je me rappelais qu'il provenait de leur jardin. Je répondis que sa mère l'avait fait abattre un mois après la mort du père, sous prétexte qu'il assombrissait la maison. Que son père n'y avait jamais consenti. Elle n'avait pas oublié qu'il avait produit par-ci par-là quelques minces tiges garnies de petites feuilles d'un vert tendre. Comme s'il avait voulu dépenser le dernier reste de vie qui subsistait en lui. Mais elles s'étaient fanées au bout de deux ou trois semaines parce qu'il ne pouvait plus tirer de la terre des forces et de l'humidité. Elle n'avait pas oublié non plus que peu après son installation chez nous, il en était sorti une procession de fourmis rouges qui avaient traversé l'atelier vers une fente du sol dans laquelle elles avaient disparu. Qu'il leur avait fallu toute la journée pour évacuer les lieux, et que je l'avais empêchée de les saupoudrer d'insecticide. Je répondis que la couleur de ces fourmis se rapprochait de la teinte de ses cheveux et que ç'avait été une raison suffisante pour ne pas les détruire. Or, à cette époque, j'avais pensé qu'elles allaient rejoindre son père à travers la terre. Dans le jardin où elles se sentaient chez elles, où elles avaient toujours vécu. Elle se rassit et me pria de lui montrer les photos de jadis, elle était curieuse de voir comment elle était alors, et je déposai la boîte devant elle sur la table. Immobile, le verre à la main, elle fixa longuement la boîte. Ensuite, elle prit les photos l'une après l'autre, à contrecœur aurait-on dit, et elle les regarda un moment avec attention. Les toutes premières dataient d'une période où elle avait encore un air malicieux. Celle sur laquelle elle était coiffée d'un petit chapeau rose, avec sa belle bouche charnue et ses épaules nues s'échappant du pull rayé de blanc et de noir que j'avais brûlé par la suite. En Tzigane, vêtue de sa longue chemise de nuit à fleurs et adossée à la toile grisâtre de notre abri, au pied des dunes, s'appuyant sur une hanche et le visage encore bouffi de sommeil. Je me demandais si elle se souvenait qu'elle avait dormi sous cette toile de tente sale, le caneton blotti entre ses beaux seins, et que nous avions été très heureux dans ce lit de bois blanchi à la chaux. En tenue de travail, la tête enveloppée d'un fichu, couverte d'éclaboussures blanches quand elle me donnait un coup de main pour mouler les plâtres. Dansant dans l'eau alors qu'elle apercevait un bateau de pêche à travers le rideau giclant. Serrant le chat à tous les âges de sa vie contre sa poitrine. Au balcon, nettoyant les petits oignons. Et plus tard, rayonnant de fierté devant le rayon chargé de bocaux, après qu'elle les eut préparés au vinaigre, avec des piments rouges et des feuilles de laurier qu'on distinguait nettement parmi les boules blanches. Concentré, je l'observais passant en revue les pièces du puzzle lointain de notre existence. Il ne m'échappait pas qu'elle s'efforçait de réprimer ses émotions. Elle murmurait parfois, se parlant à elle-même : « Je portais alors ma robe violette », « Cette photo-ci a été faite devant le prunellier. Nous en avons cueilli des branches, le soir, à la lumière d'une torche électrique. Je ne me rappelais plus. » Devant les photos d'elle à poil, elle était vraiment gênée. Bien qu'elle ne sût pas combien de fois je m'étais branlé en les regardant, en essayant comme un dément de revoir sa chair rose au-delà de l'image grise. Je lui dis que cette photo-là avait été faite devant la glace, après qu'elle s'était masturbée debout à mon intention. Que ses lèvres retroussées en témoignaient. Elle faisait semblant de ne pas m'entendre et continuait à regarder les photos. Et elle déclara soudain que sa silhouette lui donnait un complexe d'infériorité. Que ses seins n'étaient plus ce qu'ils avaient été au temps où tous affirmaient : « Olga a les plus beaux. » Et qu'elle se mettait du fond de teint sur les cuisses, à la plage, pour en dissimuler les petites varices. En outre, elle ne se déshabillait jamais plus en plein jour et portait des manches longues parce qu'elle ne les trouvait plus drôles, ces taches de rousseur sur ses bras. Comme je disais que j'aimerais bien les embrasser l'une après l'autre, elle objecta que je la voyais encore telle qu'elle était autrefois. Que je l'idéalisais alors qu'elle n'était plus une femme idéale depuis longtemps. Que l'homme qu'elle allait épouser l'aimait telle qu'elle était à présent. Peu lui importait qu'elle s'enivrât et se trompât dans les enchères, s'imaginant qu'elle était une championne de bridge, ou qu'elle changeât de coiffure. Je lui demandai quel type d'homme il était et elle me répondit que je lui trouverais un visage très intéressant. Qu'il était horiblement laid. Non à cause de ses traits, mais parce qu'il avait le visage marqué par la petite vérole. Un visage d'Indien. Il ressemblait à Humphrey Bogart, assura-t-elle. Il en pinçait pour elle. Je lui fis remarquer que moi aussi, j'en avais pincé pour elle ; elle répondit qu'elle le savait fort bien, mais m'accabla aussitôt d'un flot de reproches. Qu'elle s'était sentie une recluse chez moi, que pas une seule fois elle n'était sortie seule en ville durant tant d'années. Que j'étais trop souvent allé au lit avec elle. Que le cirque commençait dès le matin, au moment où elle préparait le café à la cuisine. Elle se disait alors que ça recommençait. Elle avait calculé que je la sautais parfois sept fois par jour. Ce n'était pas normal. J'étais un obsédé sexuel. Puis elle me demanda s'il en était toujours ainsi et je lui répondis que ce serait le cas si elle était restée auprès de moi. Je voulus savoir si ces choses du passé ne lui donnaient pas envie de rire et elle déclara : « Non, je ne ris plus. Au début, je m'imaginais que la vie était un conte de fées. “Je vais me marier, je serai heureuse.” En fait, j’ai été beaucoup moins heureuse que j’avais espéré l’être. » Sans mot dire, elle contempla longuement la photo qu’elle tenait dans la main, sur laquelle elle figurait serrant le caneton contre sa joue. Elle était adorable et semblait heureuse sur cette photo. Une rose dans une vallée de dunes. Je la vis avaler sa salive et lui proposai de mettre de côté toutes les photos qu’elle aimerait garder. D’en faire retirer pour elle. Mais elle secoua la tête et remit le cliché à l’envers dans la boîte. Elle repoussa celle-ci au milieu de la table et se leva, disant qu’elle reviendrait un autre jour pour en choisir quelques-unes, qu’elle devait s’en aller maintenant parce qu’elle voulait encore acheter une bouteille de cognac pour l’écluser ce soir en jouant aux cartes. Il était presque 18 heures, les magasins allaient fermer. Elle me promit de repasser avant son départ pour l’Amérique. Près de la porte, je la pris dans mes bras et lui donnai un baiser sur chaque joue. Car je croyais que je ne la reverrais jamais. J’avais les larmes aux yeux. Pourtant, elle revint. La semaine suivante. En compagnie de l’homme qu’elle avait épousé l’avant-veille. En effet, il ressemblait à Humphrey Bogart et je me rendis compte qu’elle m’avait dit la vérité. Qu’il en pinçait pour elle. Il la couvait des yeux, exactement comme je l’avais fait pendant tant d’années. Elle était enfin de nouveau le trésor de quelqu’un et j’en étais quasiment heureux. Mais lui aussi avait peur de la perdre. Autant que j’en avais eu peur. Lorsqu’elle se leva du banc sur lequel elle était assise à ses côtés pour aller aux W.-C., il enlaça brusquement ses jambes. Ce n’était qu’une réaction impulsive et il rit d’un air plutôt confus. Je lui demandai plus tard si elle était heureuse, maintenant qu'elle était mariée pour la troisième fois. Elle répondit qu'elle l'aimait à la folie, mais qu'elle aurait peut-être préféré l'aimer autant, mais autrement. Qu'elle n'avait pas encore trouvé la réponse à bien des questions. Ce n'était que lorsqu'elle allait à contre-courant qu'elle avait réponse à tout. Quoi qu'il en soit, c'était un homme charmant. Elle le suivit d'un regard attendri pendant qu'il examinait attentivement les sculptures nègres, devant la bibliothèque, et elle dit : « Mon père avait coutume de prétendre que les Américains n'étaient pas un peuple civilisé. Or, ils savent tout concernant l'histoire de leur continent, littéralement tout. » Il devinait qu'elle l'observait et que nous parlions de lui. Il se retourna et lui adressa un sourire. Puis il tendit l'index vers les sculptures nègres et dit : « *Nice dolls.* » Je remarquai qu'Olga était gênée, car ce n'était pas exactement le terme approprié. Et elle me regarda gentiment lorsque j'engageai une conversation avec lui et les appelai également « *dolls* ». Elle avoua qu'elle éprouvait des difficultés avec la langue. Sans doute parlait-elle couramment l'anglais usuel, mais quand il s'agissait d'exprimer quelque chose de compliqué ou d'expliquer ceci ou cela à propos d'elle-même, elle se disait le plus souvent : Laisse donc tomber. Cela exigeait trop d'efforts. Récemment, elle avait lancé : « *That mouse will have a tail* » quand un partenaire avait commis une grosse bêtise en jouant aux cartes. Tous avaient éclaté de rire. Et elle ne savait toujours pas s'ils avaient ri parce que cette expression n'existait pas en anglais ou parce qu'elle avait mis les pieds dans le plat. Lui en riait encore et il l'enlaça d'un bras en se rasseyant à côté d'elle. Elle s'affirma enchantée qu'ils ne soient fixés nulle part à demeure. Qu'ils iraient d'un endroit à l'autre. Ils loueraient toujours une maison meublée. Ils ne traîneraient avec eux que quelques valises contenant leurs vêtements et vivraient parmi des meubles n'appartenant à personne ou appartenant à tout le monde. Enthousiasmée, elle racontait qu'il lui ferait visiter l'Amérique avant leur départ pour le golfe d'Arabie. Du Nebraska au Texas. Et qu'ils feraient au printemps leur voyage de noces au Mexique. Une lune de miel à retardement. Lorsque j'apportai la boîte de photos, elle se leva précipitamment et m'obligea pour ainsi dire à faire demi-tour. Lui aurait aimé les voir mais elle ne le lui permit pas. Elle prétexta qu'ils n'en avaient plus le temps, qu'ils devaient s'en aller tout de suite car il leur restait bien des choses à régler avant leur départ, dans quelques jours. Elle promit qu'ils repasseraient s'ils en avaient le temps. Mais je savais avec certitude qu'elle ne reviendrait pas, à cause de ces photos. Qu'il ne la verrait pas telle qu'elle avait été. Qu'il n'avait qu'à l'aimer telle qu'elle était à présent. Je ne m'étais pas trompé ; elle ne me donna plus signe de vie les mois suivants. Enfin, je reçus une carte d'Amérique, une photo en couleurs d'une maison de La Nouvelle-Orléans au balcon de fer forgé. Elle avait écrit au verso, de son écriture aussi illisible que celle de ses lettres d'amour de jadis : « *This is a very big country*. L'Amérique est un pays immense. En Floride, nous avons été surpris par une pluie battante dans une espèce de forêt vierge. La route était jonchée de branches cassées sous le poids de la mousse trempée de pluie. » (En lisant, je me rappelai que la chaussée était jonchée de branches cassées sous le poids de la glace, le jour où je l'avais rencontrée pour la première fois et qu'elle m'avait permis de monter dans sa voiture.) « Nous avons dû nous arrêter souvent pour les traîner au bord du chemin. Et une tortue a traversé la route. À l'état sauvage ! *Best regards*, Olga. » Au printemps arriva encore une carte en couleurs d'un paysage automnal rappelant *The Trouble with Harry* : *AUTUMN IN THE FEATHER RIVER COUNTRY, CALIFORNIA*. Pas un mot, rien que des salutations. Mais elle m'adressa une lettre du Mexique. Deux semaines après Pâques. Elle m'écrivait qu'elle s'était soudainement souvenue de moi, parmi les cactus aussi hauts que les maisons et les mulets. Elle avait vu un bourdon et un papillon côte à côte sur une espèce de chardon, et elle avait alors pensé à l'album de Verkade, *Les Fleurs et leurs amis*, que je possédais. Elle racontait encore que les gens de là-bas sacrifiaient à une tradition horrible. La veille de Pâques, on brûlait partout des mannequins de Judas préparés plusieurs jours d'avance. Ils avaient traversé un village où brûlaient ces effigies grandeur nature, et son mari avait trouvé que ce spectacle faisait penser au *Ku Klux Klan*. Qu'il faisait très chaud et qu'elle regrettait parfois Alkmaar. Les pâturages verts et les fossés. Par la suite, elle m'envoya encore quelques cartes, mais au compte-gouttes. De Manzanillo (un marché aux poissons pittoresque avec des tortues d'eau gigantesques). De Veracruz, du Yucatán (un temple consacré à un quelconque cannibale, avait-elle écrit au verso). Chaque fois que je trouvais une carte dans ma boîte, la mélancolie et une sensation de vide m'empêchaient de travailler pour toute la journée. Peut-être aurait-il mieux valu qu'elle ne fût pas repassée chez moi et que je n'eusse plus entendu parler d'elle. Il y avait du vrai dans la maxime de troisième ordre que ces connasses américaines avaient fixée au mur de leur chambre, il y a longtemps : *THERE'S NOTHING SADDER THAN ASSOCIATIONS HELD TOGETHER BY NOTHING BUT THE GLUE OF POSTAL STAMPS.* Il faut croire que mon lointain amour l'avait deviné, car elle ne donna plus signe de vie pendant six mois. Pas avant Noël. Je reçus alors une carte. Qui venait de l'autre bout de la planète, pour ainsi dire. Un plan du golfe d'Arabie. Une banderole flottant au-dessus d'une mer d'un bleu intense : *GREETINGS FROM THE TRUCIAL STATES.* En bas à gauche un Arabe à dos de chameau, et à droite une oasis pleine de palmiers. Entre ces deux images, la côte mouchetée de points rouges indiquant les endroits où les derricks suçaient les richesses du pays, comme des moustiques. Elle avait dessiné une flèche vers le timbre violet avec un ovale vert encadrant un cheikh, avec le commentaire suivant : « Voici le "*cheikh of Araby*" authentique dont nous avons écouté le disque de Benny Goodman quand je venais de faire ta connaissance. » Elle écrivait ensuite qu'au début elle avait eu peur des femmes voilées. Que les chameaux, de même que les rats, rôdaient autour de leur maison du matin au soir, et qu'ils s'étaient rendus dans une région dévastée récemment par les sauterelles. Cette région était pelée, désolée, toute poisseuse, et il y flottait une odeur âcre. Et les hommes la reluquaient au point que son mari en était jaloux. Elle terminait en disant qu'elle m'écrirait bientôt une lettre, dès qu'elle aurait rassasié ses yeux de toutes ces nouveautés. En effet, j'en reçus une. Au début de la nouvelle année. Trois feuillets : « Ici, l'hiver, ce sont des tempêtes de sable et des gens enrhumés. Hier, il est tombé une dizaine de gouttes de pluie. Nous habitons au centre de la ville, en face d'une mosquée, dans un immeuble de construction récente surplombant les taudis arabes. C'est le ramadan en ce moment, le carême des mahométans. Ils ne mangent ni ne boivent rien du lever au coucher du soleil, et il leur est interdit de fumer. Il est défendu à tout le monde, même à nous, de manger et de fumer dans la rue ou dans la voiture. Si on vous y prend, vous encourez une peine de prison. À 17 h 30, lorsque le soleil se couche, on tire deux coups de canon à titre d'apéritif, les victuailles sortent comme par enchantement, et on entonne des chants, plus exactement des lamentations dans la mosquée. Ces prières se prolongent pendant plusieurs heures et ne sont rien moins que musicales. Au début, je les confondais avec les miaulements des chats en chaleur rôdant dans les parages. À 3 heures du matin, je me fige de peur dans mon lit. On prévient alors qu'il est permis de se remplir le ventre une dernière fois. En battant deux tambours qui auraient fait peur à Hitler lui-même, ils passent dans toutes les rues et vous redoutez de voir surgir votre assassin d'un moment à l'autre. Ce carême dure quatre semaines. » Elle écrivait aussi qu'on faisait là-bas la chasse aux tourterelles. De l'espèce que nous avions eue jadis. Au début, cela la choquait. Mais elle avait fini par en manger, préparées avec beaucoup d'ail et de citron. Il fallait croire qu'elle voulait me faire râler, car elle ajoutait qu'elle avait également mangé des cervelles de mouton et même, sans le savoir, des yeux de mouton. Et qu'elle avait dû concéder, à contrecœur il est vrai, que ça avait un goût exquis. Sur ce, elle terminait sa lettre. Elle avait gardé le meilleur morceau pour la fin. L'expression s'imposait : « pour la fin ». En effet, je ne reçus plus de lettres ni de cartes avec des *GREETINGS FROM THE TRUCIAL STATES* !

Fuck me, I'm desperate[1]

Huit mois après ces cervelles et ces yeux de mouton, elle arriva chez moi à l'improviste. La maison était ouverte et elle frappa à la porte. Lorsque je lui ouvris, elle chancelait sur ses jambes au point que je l'imaginais tomber dans mes bras. Elle avait glissé ses lunettes de soleil dans ses cheveux, de sorte qu'elle ressemblait à un périophtalme. Elle était d'une pâleur cadavérique et une grande cicatrice de fraîche date marquait sa mâchoire droite. Toutefois, elle me repoussa avec brusquerie quand je voulus la soutenir comme une invalide, affirmant qu'elle n'était pas malade. Il y avait qu'elle ne se réhabituait pas à notre sale climat. Je pensais qu'elle était venue passer ses vacances en Hollande, mais elle me raconta, après que je lui eus servi une tasse de café, que sa mère était allée la chercher en avion. Elle lui avait adressé un télégramme et la chienne était accourue dare-dare pour ramener le chiot dans la niche. J'observais la chair raboteuse, rosâtre, et les taches brunes de la cicatrice. Cependant, je m'abstins de lui poser des questions. Elle finirait bien par m'en parler.

1. « Baise-moi, je suis désespérée. »

C'est ce qu'elle fit. Elle avait déjà eu des ennuis lors de leur voyage à travers l'Amérique. Son ovaire restant s'était enflammé à son tour et son organisme s'était détraqué. Elle n'était pas dans son assiette pendant cinq jours toutes les deux semaines et elle avait terriblement mal lorsqu'il lui faisait l'amour. Au début, il s'était montré très compréhensif et gentil à son égard. Mais dès qu'ils se furent installés dans leur appartement, dans le golfe d'Arabie, parmi les taudis arabes, il avait changé du tout au tout. Elle avait attribué ce changement à l'ennui et au climat qui leur avait valu à tous deux une espèce de fièvre des tropiques. Quand il rentrait d'une tournée d'inspection des derricks et qu'elle n'était pas dans son assiette, il allait se soûler au Club américain. Il éclusait une bouteille de bourbon en l'espace d'une heure. De retour, chancelant, il s'asseyait sur le bord du lit, parfois pendant des heures, et frappait sans arrêt ses pieds plats l'un contre l'autre. Cela lui tapait sur les nerfs. Tout lui tapait sur les nerfs à la longue. La chaleur, les coutumes affreuses de la population parmi laquelle ils étaient condamnés à vivre, qu'ils ne comprenaient pas du tout. Elle avait une amie plus âgée qu'elle. La femme d'un collègue de son mari. Au début, celle-ci se comportait normalement. Il est vrai qu'elle lisait de temps à autre un ouvrage de théosophie, mais elle n'en parlait jamais. Or, un jour que les hommes étaient en tournée, elle avait glissé sous les portes des autres appartements des billets sur lesquels elle avait rédigé à l'intention des femmes : « Réprimez vos passions ! Tâchez d'atteindre à bon escient l'Unité du Tout. La Passion perturbe l'Harmonie de l'Univers ! L'Amour est la seule Force unifiant le Grand Aimant Universel ! » Et d'autres conneries du même genre. Pour comble, elle avait écrit une nuit, avec son bâton de rouge à lèvres, en lettres d'un demi-mètre, sur les murs de la cage d'escalier et des couloirs, et jusque sur les parois de l'ascenseur : *FUCK ME, I'M DESPERATE*. Puis elle s'était enfuie dans la ville, vêtue en tout et pour tout de son slip et de son soutien-gorge. Le lendemain matin, on l'avait retrouvée dans un bas quartier endormie dans le caniveau, épuisée d'avoir été culbutée, l'intérieur des cuisses écorché. Il fallait croire que plusieurs tribus lui étaient passées dessus. Au lieu d'entreprendre des démarches en vue de la faire admettre à l'hôpital, les femmes s'étaient mises à gratter les murs et à les blanchir à la chaux pour faire disparaître les inscriptions couleur de feu avant que les hommes ne rentrent. Ensuite, Olga recommença à parler de son Humphrey Bogart dont la jalousie s'était exaspérée. Car il n'était pratiquement plus question de faire l'amour, et les beaux Arabes bronzés ne se lassaient pas de se rincer l'œil. Ils reluquaient la pointe de ses seins. Et elle les regardait, c'était la seule chose qu'elle pouvait se permettre. Elle devait se contenter de les regarder et de les aguicher. L'unique satisfaction consistait là-bas à manger et à boire. Et la vie passait vite. C'est pourquoi elle sortait parfois en compagnie d'un ami arabe pendant que son mari était en tournée d'inspection pour deux ou trois semaines. Rien d'autre qu'une promenade en voiture et un brin de flirt. Mais elle n'avait jamais été vraiment infidèle à son époux, affirma-t-elle. Elle n'en aurait pas été capable, même si elle en avait eu envie. Un jour, elle se trouvait avec son copain dans un café. Quelqu'un avait dû vendre la mèche, car son mari entra à l'improviste alors qu'il était censé se trouver à cent kilomètres de là. Très calme, très maître de lui, il s'était approché de leur table, l'avait empoignée brusquement et lui avait flanqué une gifle en plein visage. Cela, son ami ne l'avait pas admis. L'air menaçant, il s'était levé d'un bond et, gesticulant, était passé à l'attaque. Se pliant en deux, il bondissait. Ce n'était qu'une comédie et les vains battements d'ailes d'un coq de combat. Car trois gnons avaient envoyé l'Arabe par terre. Il parvint à se remettre sur ses pieds, mais un uppercut l'étendit sans connaissance. Il gisait là, comme une chiffe, dans ses riches vêtements. Soudain, elle s'était trouvée nez à nez avec son mari qui brandissait un revolver. Par la suite, elle n'aurait pu dire s'il avait eu l'intention de la tuer ou simplement de l'obliger à le suivre. Mais de tous côtés on avait essayé de le retenir. Et le coup de feu était parti. Elle n'avait rien senti, n'était une sensation de brûlure. La cicatrice était insensible, assurait-elle en la frottant. Elle aurait pu y écraser une cigarette allumée. Elle supposait que son époux avait le cerveau dérangé. Toujours exposé à ce soleil de plomb et buvant comme un trou. Pour comble de malheur, il avait acheté un caméléon. À un marchand qui l'avait rapporté de Madagascar. Elle le trouvait affreux, cet animal, dans son aquarium de verre, dans la salle de séjour où elle était seule avec lui durant la journée, avec ses yeux qui ne cessaient de tourner dans tous les sens. Elle avait l'impression d'être espionnée constamment par le trou de la serrure. Il fallait le nourrir de blattes. Lorsque son mari et ses amis jouaient aux cartes en picolant et qu'il en apercevait une courant sur le mur, comme il était trop flemmard pour la capturer lui-même, elle devait couper un bout de scotch et coller l'insecte au mur. Car elle n'aurait touché ces bestioles pour rien au monde. Il se contentait de les lui montrer du doigt, criant : « *Cockroach ! Cockroach !* » La nuit, au lit, ne trouvant pas le sommeil à cause de la chaleur, elle s'imaginait entendre les pattes des insectes prisonniers gratter l'enduit du mur. Le lendemain matin, il les enlevait et les jetait dans la cage du caméléon. Elle ne trouvait pas grave que celui-ci mangeât les blattes. Mais le bruit qu'il faisait en les engloutissant ! C'était horrible. Je lui demandai comment cette histoire s'était terminée pour son mari, elle répondit qu'il était probablement en prison ou dans un asile. Les dernières paroles qu'il lui avait adressées, lorsque la police l'avait emmené après l'enquête, c'était qu'il la retrouverait n'importe où. Il l'avait regardée dans le blanc des yeux et avait articulé d'un ton hargneux : « *Olga, you'd better look over your shoulder*[1]. » Elle avait eu la frousse et envoyé aussitôt un télégramme à sa mère pour lui demander de venir la chercher. Ainsi, elle habitait de nouveau Alkmaar. Au milieu des pâturages marécageux. Et le brouillard lui causait des migraines atroces, comme la chaleur torride lui avait valu là-bas des maux de tête, au début. Je lui dis qu'en tout état de cause elle avait recouvré sa liberté. Et elle de me hurler : « Mais je ne veux pas être libre, pas du tout. Libre, je me sens très malheureuse. » Elle prit sa tête dans ses mains et releva ses cheveux en désordre. Elle s'immobilisa dans cette attitude. Je regardai ses ongles nacrés, ses mains blanches et fanées dans ses cheveux roux qui avaient perdu

1. « Olga, tu as intérêt à surveiller tes arrières. »

leur lustre. Et je dus faire un effort sur moi-même pour ne pas m'asseoir à ses côtés, la prendre dans mes bras et pleurer avec elle pour soulager notre détresse. Tout à coup, elle raconta d'une voix sourde, comme si elle se parlait à elle-même : « Ah ! j'ai eu tellement hâte de me jeter dans une nouvelle aventure. Je me disais qu'il me ferait visiter la moitié de la Terre, et j'ai déjà oublié tout ce que j'ai vu. Sauf les choses désagréables. Cette chaleur et ces maudits insectes. Et mon corps qui ne cessait de faire des siennes, lui qu'on doit traîner partout avec soi. Je peux bien t'avouer que je ne suis pas satisfaite de la vie que j'ai menée jusqu'ici. Pas du tout. Il m'arrive de croire que je devrais consulter un psychiatre. Je ne m'en sors plus. Si on ne laisse pas remonter à la surface les sentiments qu'on éprouve, on finit par être désorienté. Je les ai tous refoulés. En ce qui nous concerne également. Jusqu'au jour où tu m'as montré les photos, peu de temps avant mon départ. Tout est remonté à la surface. » Elle se leva et fit le tour de la pièce. Soudain, elle s'immobilisa, tendit l'index vers le parquet et m'avoua qu'un jour elle avait revu nettement cet endroit-là en imagination, dans ce pays chaud. Que nous avions été assis à cette place, écoutant les deux disques de Benny Goodman, lorsqu'elle était venue chez moi pour la première fois. Et que je lui avais dit tout à coup, en flirtant : « Et maintenant, j'ai envie de me débarrasser de mon précieux sperme. » Qu'elle avait eu une peur bleue. Elle éclata d'un rire rauque, son corps se raidit, elle serra les mains sur son estomac et me demanda si je ne trouvais pas que ses seins reprenaient leur volume d'autrefois. Elle expliqua qu'elle y mettait de la crème. Rapportée d'Abu Dhabi. Elle en avait Dieu sait combien de pots. Sa provision lui suffirait jusqu'à sa soixantième année, ajouta-t-elle en riant. Quand elle en mettait, ils devenaient chauds et picotaient, comme si elle les couvrait d'une couverture électrique. Et sa peau rougissait. Lorsque cette rougeur avait disparu, elle se rendait compte qu'ils avaient effectivement grossi. Son mari s'était moqué d'elle. Il avait prétendu que cela ne servait à rien et qu'il s'en foutait, d'ailleurs, que ça produise quelque effet ou non. Que c'était en réalité une crème aux hormones, fabriquée en Amérique, que les Arabes transvasaient dans leurs récipients aux étiquettes mystérieuses. Je ne savais pas où elle voulait en venir. Que je lui demande de me les montrer pour m'entendre affirmer qu'ils étaient aussi beaux que jadis ? Ou bien bavardait-elle pour bavarder, comme une tête de linotte ? Sans arrière-pensée ? Quoi qu'il en soit, il n'était pas question d'une réconciliation sur la base d'une crème pour les seins. D'ailleurs, ses pensées vagabondaient déjà ailleurs. En Amérique, elle avait vécu une période exquise, tout compte fait. Certains jours, elle avait mangé cinq homards, et ils avaient assisté à l'abattage d'une vache par une bande de cow-boys, au bord d'une route interminable traversant la prairie. Ils étaient descendus de voiture et avaient regardé toute la soirée comment ils débitaient l'animal et grillaient les morceaux sur place. On aurait dit un film. *Rivière sans retour*, avec Marilyn Monroe, que nous avions vu dans un passé lointain. Elle s'était assise si près du feu que ses joues picotaient encore le lendemain matin. C'était un pays de dingues. En certains endroits, les nénés des serveuses tombaient pour ainsi dire dans votre assiette, tandis qu'un peu plus loin, on couvrait le chrome des voitures d'une couche de peinture noire, et vous deviez dissimuler vos doigts brunis par la nicotine, autrement on vous regardait de travers. Un soir, son mari roulait à cent quatre-vingts à l'heure parce qu'ils crevaient de sommeil et qu'une distance de deux cents kilomètres les séparait encore du motel le plus proche. Soudain, un clignotant bleu les frappa. Un beuglement : « Vous n'avez pas vu notre radar ! » Une grande brute de flic vêtu de cuir noir. « Mais il s'attendrit comme un gosse lorsque nous lui offrîmes une paire de petits sabots de bois. Ses ancêtres étaient originaires de Hollande. Et il ne parla plus de nous infliger une amende. » Sans transition, elle se mit alors à parler d'un des phénomènes que nous avions vus à la kermesse au Nieuwmarkt, lors de notre deuxième rencontre. Elle avait encore en tête, comme si c'était hier, la femme de cire attachée à un pilori, un poids suspendu aux hanches. Des stries rouges marquaient ses mollets et le sang lui coulait de la bouche. Elle avait pensé à cette femme quand son mari, le deuxième, lui avait lancé un jour : « Tu es aussi fière que Jeanne d'Arc, mais pas aussi forte qu'elle. » Puis il l'avait prise de force. Elle l'avait trouvé dégueulasse. Elle avait également trouvé abominable que j'eusse déchiqueté des méduses avec une pelle, sur le littoral de l'île d'Ameland. Bien qu'elle les sût mortes. Mais elles frémissaient dans le vent, on aurait cru qu'elles vivaient encore. Elle en eut soudain assez d'évoquer des épisodes du passé. D'ailleurs, elle était venue à Amsterdam pour aller consulter un gynécologue. Parce qu'elle avait le ventre en compote et qu'elle souffrait de maux de tête insupportables. Avant de prendre congé, elle m'affirma qu'elle était exactement le contraire de cette amie du golfe d'Arabie qui avait écrit sur les murs : *FUCK ME, I'M DESPERATE*. Qu'elle aussi était désespérée. Mais qu'elle avait envie de crier à tout le monde : « Au nom du ciel, fichez-moi la paix ! »

Rosa turbinata

Peu de temps après cette visite, sa mère me téléphona, et l'idée qu'Olga avait des ennuis me traversa l'esprit comme un éclair. Elle parlait d'une voix faussement apitoyée pour que je me rende bien compte qu'elle était une femme de caractère sachant se maîtriser. Olga avait eu des maux de tête de plus en plus tenaces, ces temps derniers. Une nuit, elle l'avait trouvée évanouie dans les toilettes où elle gisait depuis plusieurs heures. Le médecin traitant n'y comprenant rien, on l'avait envoyée à l'hôpital d'Amsterdam pour effectuer des radios du crâne. Avant qu'on connût le résultat de ces examens, on l'avait convoquée par téléphone. Olga devait subir d'urgence une intervention au cerveau. On avait pratiqué un trou carré dans la paroi gauche de son crâne et enlevé une tumeur de la grosseur d'une savonnette. Cependant, on avait dû s'abstenir d'extirper les racines qui s'étaient incrustées dans le cerveau. Autrement elle aurait été paralysée. On la traitait tous les jours aux rayons X et on avait bon espoir à l'hôpital. Olga m'avait réclamé et la mère me téléphonait pour me demander d'aller lui rendre visite de temps à autre. Olga n'avait qu'elle au monde et il lui était impossible de faire tous les jours la navette entre Alkmaar et Amsterdam. J'avais l'impression d'être pris de vertige tandis que l'autre vidait son sac. De ne pas saisir la gravité de la situation. Car je m'imaginais Olga, les cheveux aussi longs que la Vénus de Botticelli, flottant dans une clarté vitreuse. Aussi jolie que jadis. Comme si elle avait recouvré son ancienne splendeur. Ce ne fut qu'après avoir raccroché – et indiqué nettement les heures où j'irais la voir, car je ne voulais pas rencontrer la vieille garce et je ne m'étais pas gêné pour le lui dire – que je sentis mes yeux fixes et bizarres. Ce tubercule incolore dans sa tête et dont les racines avaient envahi le cerveau était peut-être à l'origine des extravagances commises depuis le moment où elle m'avait quitté brusquement jusqu'à l'époque des blattes du golfe d'Arabie. J'évoquai son étrange regard vague avant qu'elle ne me lâchât pour de bon. Après coup, on aurait pu croire qu'à ces moments-là, elle percevait ce qui couvait en elle. À la longue, prise de panique, elle s'était enfuie devant une chose qu'elle ne comprenait pas mais qu'elle emportait partout. Quelque chose d'aussi indissociable d'elle que son ombre. Aussitôt après la conversation téléphonique avec la mère, je passai un coup de fil à un ami interne. « Cette petite femme rousse de jadis ? C'est vraiment dommage. » Il me confia qu'il n'y avait plus d'espoir. Qu'il pouvait me l'avouer puisqu'elle n'était plus rien pour moi. Sans doute essaierait-on d'enrayer l'évolution au moyen de rayons X, mais ce ne serait qu'un sursis. Ces racines dans le cerveau étaient indestructibles. Chez les uns, il se passait cinq ou six ans avant que la tumeur ne recommence à se développer, mais chez les autres c'était une question de mois. En somme, il me disait ce que je savais déjà. Qu'elle était condamnée à mort. Irrémédiablement perdue. Et je me répétais, tandis qu'une crise de nerfs me secouait et que les larmes inondaient mon visage : « Tu vas mourir, Olga. Tu vas mourir. » J'allai la voir le lendemain après-midi. Elle était couchée dans une petite chambre. La première chose qui attira mes regards en entrant fut une large fenêtre par laquelle j'aperçus beaucoup d'arbres dignes d'un parc. La structure de la moustiquaire et la lumière qui s'y accrochait donnaient à l'ensemble l'apparence d'une tapisserie des Gobelins. Elle reposait dans une chambre plongée dans une demi-obscurité bleuâtre et le soleil brillait dehors. Je déposai les roses sur le lit, à ses pieds, et m'approchai d'elle. Elle me tendit la main. Une main gonflée et molle. Son visage était bouffi. Ses yeux en semblaient rétrécis. Le côté gauche de son crâne avait été rasé. Je n'aperçus pour ainsi dire pas de cicatrices. Rien que quelques lignes rougeâtres, mais la peau frémissait à cet endroit. Là où elle n'était plus soutenue par l'os. Les cheveux qu'on lui avait laissés étaient coupés court, et il y avait par-ci par-là des plaques dénudées. Elle y passa les doigts d'un geste nerveux et dit en se regardant dans un miroir de poche qu'elle deviendrait peut-être complètement chauve. Le médecin l'avait prévenue. À cause du traitement aux rayons X. Mais ses cheveux repousseraient et la cicatrice ne laisserait pas de traces. Elle essayait de rire, disant qu'elle avait maintenant une tête à guichet. Qu'on y réajusterait le bout d'os plus tard. Qu'on le conservait dans de la glace, en bas. Elle trouvait cela drôle. Qu'il y eût ailleurs une parcelle d'elle. Au début, elle n'avait pu s'empêcher de penser au dessin d'Anton Pieck, sur la couverture du *Souffle de la montagne* de Trygve Gulbranssen dont il y avait un exemplaire dans la bibliothèque de sa mère. Une paroi de glacier sur laquelle on avait dessiné un crâne. Elle en avait senti le froid dans sa tête. À l'endroit où l'on avait pratiqué le guichet. Je m'assis à côté du lit. Elle trouva que j'avais bonne mine, et je me sentais un goujat heureux. J'étais bien portant et ne pouvais rien faire pour elle. Elle me raconta qu'au début, regardant au-dehors, elle avait cru que ces arbres portaient des fleurs magnifiques d'un vert tendre. Elle s'était demandé ce que pouvaient être ces fleurs d'un vert tendre. Elle avait trouvé cela mystérieux. Mais l'infirmière lui avait expliqué qu'elle prenait les châtaignes pour des fleurs. Elle ne comprenait pas ce qu'elle avait aux yeux. Les premiers jours, elle pouvait très bien lire l'inscription au bas d'un dessin représentant une rose accroché au mur, en face d'elle. *Rosa turbinata*. Mais à présent elle ne distinguait plus que des taches grises. On lui avait interdit de lire, c'était trop fatigant. Or, sa mère avait apporté *Libelle*, l'autre semaine. Olga avait dissimulé le livre sous ses couvertures. Quand elle essayait de lire, elle était obligée de recommencer sans arrêt parce qu'elle oubliait ce qu'elle avait lu un instant auparavant. Parfois, elle ne comprenait même pas ce qu'elle déchiffrait. Elle épelait alors les mots, comme une écolière. Soudain, elle me demanda des nouvelles du chat. Je lui racontai non seulement comment il allait pour le moment, mais aussi depuis le jour où elle était partie. Qu'au début de son absence, il se précipitait vers la porte au moindre bruit de hauts talons dans la rue. Qu'il l'avait cherchée dans tous les coins de la maison. Elle se mit à pleurer, affirmant que le chaton qu'elle avait aidé à venir au monde était le seul qui eût été vraiment à elle et que son départ l'avait chagrinée. Je rapprochai ma chaise du lit, enlaçai ses épaules et lui promis que nous irions le voir ensemble dès qu'elle serait guérie. Elle fit oui de la tête mais ne cessa pas de pleurer. Je posai ma main sur sa joue mouillée et appuyai sa tête contre ma poitrine. Et nous restâmes ainsi jusqu'à ce que l'infirmière entrât, l'air enjoué comme si elle pénétrait dans la chambre d'une accouchée, pour nous prévenir que le temps de visite était écoulé. Je suis allé deux ou trois fois par semaine passer quelques heures auprès d'elle pendant les six derniers mois de sa vie. Nous avons vu les arbres jaunir et la neige tomber à travers la moustiquaire qu'on n'enlevait pas en hiver. Mais quand tout reverdit, je fus obligé de lui raconter ce que je voyais. Elle était devenue quasiment aveugle. Au début, elle était calme et lucide. Elle se rappelait avec précision bien des choses d'autrefois. Que nous avions sucé le miel des weigélias, assis sur un banc dans le Vondelpark, et qu'il y avait de grosses touffes de poils d'un chien noir dans la poubelle placée à côté de notre banc. Que l'asphalte était toujours mouillé par la rosée lorsque nous rentrions d'un concert de nuit, et que nous avions vu, un jour où nous étions installés à la terrasse du restaurant, à Artis, une mouette argentée engloutir d'un seul coup de bec un moineau qui s'était risqué trop près d'elle. La victime, qui remuait encore, descendait dans le gosier de la mouette. C'était affreux. Elle me racontait encore qu'au Mexique elle avait acheté pour moi une statuette qu'on venait de déterrer. Une pièce de terre cuite. Un couple faisant l'amour, encore pleine de terre. Elle l'avait oubliée dans un hôtel de San Diego. Par la suite, elle se comportait par moments comme une fillette capricieuse. Je devais palper ses incisives à maintes reprises dans le courant de l'après-midi, parce qu'elle s'imaginait qu'elles bougeaient, et elle exigeait que j'aille lui chercher sur l'heure un sachet de rahat-loukoums, la seule sucrerie qu'elle osât encore manger, avec ses dents branlantes. Ou bien je devais l'aider à faire un puzzle, un paysage automnal aux couleurs éclatantes pareil à celui de la carte illustrée qu'elle m'avait envoyée de Californie. Chaque fois que j'avais trouvé la place exacte de quelques pièces, elles les écartait, prétendant que je me trompais, qu'il fallait les mettre ailleurs. Elle se montrait alors méchante. Je devais user de beaucoup de patience pour les reposer dans sa main et lui suggérer qu'elle-même avait trouvé la bonne place. Sinon elle s'entêtait de plus en plus et démolissait le paysage pièce par pièce. Vers la fin de l'année elle était chauve. À vrai dire, cela ne lui allait pas mal, grâce à son visage rond et boursouflé. Une espèce de Génitrix à moitié débile qui avait l'air de rire parce qu'elle était presque aveugle. Mais elle trouvait terrible la nudité de son crâne. Elle aurait voulu disparaître. Couvrir sa calvitie de son oreiller à chacune de mes visites. C'est pourquoi je lui achetai une perruque après avoir demandé l'avis du médecin. J'empruntai six cents florins que je ne pus rembourser qu'un an après sa mort. Elle était un peu plus flamboyante que ses cheveux naturels mais elle faisait son bonheur. Le premier après-midi qu'Olga la porta, elle n'arrêtait pas de passer les doigts sur sa tête. Elle lui allait très mal. À faire peur. Parce qu'on ne se rendait pas compte qu'elle était malade. Elle laissait supposer qu'Olga avait toujours été comme ça. Une méchante princesse de conte de fées. Une demi-sœur de Cendrillon, hargneuse et menteuse. Et lorsqu'elle glissait un peu de travers, elle lui donnait un air tellement idiot que j'avais envie de rire et de pleurer à la fois. En outre, elle racontait de plus en plus souvent des choses qui me poussaient à croire qu'elle divaguait. Que son mari américain lui faisait régulièrement un œil au beurre noir. Chaque fois qu'ils étaient sortis et qu'il s'imaginait l'avoir vue faire du gringue à un autre, il lui assenait un solide gnon sur la tête, à la maison. C'est pourquoi elle était si malade à présent. De plus, il contrôlait toujours le compteur de l'auto avant de s'absenter pour un certain temps. Et elle devait fournir des explications à son retour. Un soir où ils étaient rentrés éméchés, il l'avait déshabillée et avait fourré des cubes de glace dans son sexe. Ça lui brûlait et la démangeait tant qu'elle avait envisagé de se jeter par la fenêtre sur les taudis arabes. Parfois, elle racontait des conneries me concernant, comme si elle ne se rendait pas compte de ma présence. Que je l'obligeais à pédaler à mes côtés des heures durant. Jusqu'à ce qu'elle fût à bout de forces et tombât près de sa bécane sur l'herbe bordant la route. Que je lui imposais souvent de voler des roses dans les jardins publics et que les épines lui piquaient le bout des doigts jusqu'au sang. Qu'elle avait eu une peur bleue de se faire prendre en flagrant délit. Au bout d'un certain temps, elle cessa de mentir et d'inventer des histoires à dormir debout. Tout ce que je pouvais encore faire pour elle, c'était de lire à haute voix les fadaises de *Libelle*. Peu importait où je commençais. Lorsque je m'arrêtais un instant, il lui arrivait de prononcer quelques paroles. De plus en plus incohérentes, mais je devinais qu'elle s'efforçait d'évoquer certains épisodes du passé. Lorsqu'elle avait conscience de ma présence. Un jour, elle me dit à l'improviste : « Quand il fait soudainement froid au milieu du mois d'août, c'est le chaos. » Cela ne dura guère. Elle ne voyait plus rien. Elle ne pouvait presque plus parler. Ses yeux sortaient de ses orbites, comme si on les poussait par-derrière. Elle grossissait encore, devenait plus bouffie. Je ne renonçais pourtant pas à lui apporter des fleurs. Pour l'infirmière plutôt que pour elle. Car je n'osais pas rompre cyniquement avec cette habitude sous prétexte qu'elle ne les voyait plus. Une tristesse suffocante m'envahissait quand je pénétrais dans sa chambre, au point que j'étais parfois tenté d'entrer en trombe, manifestant un enjouement timide et grossier à la Oliver Hardy et criant à haute voix : « *Aloha babe.* » De sauter ensuite à travers les carreaux et la moustiquaire et, les roses faisant office de parachute, de planer côte à côte avec elle au-dessus des châtaigniers bourgeonnants. Moi et elle, redevenue par enchantement la femme de mes rêves. Un des premiers après-midi du printemps, je la trouvai morte. Elle avait rendu le dernier soupir la veille au soir. Le médecin m'assura que je n'avais rien à me reprocher. Que j'avais fait tout ce qui était en mon pouvoir. Qu'on m'avait admiré parce que j'arrivais toujours à l'heure et ne partais jamais avant l'heure. Même quand elle ne se rendait plus compte de ma présence. Il ajouta que mes visites avaient eu beaucoup d'importance pour elle. Que je l'avais rendue très heureuse en lui offrant la perruque et qu'elle l'avait retenue des deux mains sur sa tête en mourant. Quand je la vis pour la dernière fois – elle n'était pas plus repoussante que les semaines précédentes –, le médecin m'accompagna dans le couloir et me demanda si je désirais qu'il garde la perruque pour moi, car on allait mettre la dépouille en bière et l'envoyer au crématoire de Velsen. Je répondis qu'il fallait la lui laisser. Qu'elle l'avait voulue.

Table des matières

Un plat à barbe plein d'endives 11
Les ailes d'Hermès 20
Un mantelet de renard bleu 29
Someday sweetheart 43
La pomme de vengeance 54
Requiem pour un moineau 64
L'appareil à surprises 70
Nains marxistes 83
Peel me a grape 95
Une souris traumatisée 106
Miss Taille-de-guêpe 120
L'attitude anatomique 128
Le quartier général des sorcières 137
César et Brigitte Bardot 150
Allumettes de sécurité 157
Les clous de la malédiction 165
Nice dolls et effigies de Judas 177
Fuck me, I'm desperate 191
Rosa turbinata 200

MIXTE
Papier issu de
sources responsables
FSC® C003309

10/18, une marque d'Univers Poche,
est un éditeur qui s'engage pour
la préservation de son environnement
et qui utilise du papier fabriqué à partir
de bois provenant de forêts gérées
de manière responsable.

Impression réalisée par

CPI
BRODARD & TAUPIN

La Flèche (Sarthe), 3004262
Dépôt légal : avril 2014
X06175/01

Imprimé en France